SI FA PRESTO A DIRE MARKETING

COME SI FANNO I SOLDI ONLINE CON IL MARKETING
A RISPOSTA DIRETTA.

DANILO ERRICO

Prima di cominciare voglio ringraziare le persone senza le quali il progetto di questo libro sarebbe ancora chiuso in un cassetto.

Luisa Anna Alterio: Book Cover e Artwork

Rita Zunno: Ideazione del Titolo, Revisione e Correzione.

In3pidi.it: Realizzazione del sito selfrevolution.it e del materiale pubblicitario.

SOMMARIO

IL LIBRO

Hai mai visto il film "The Wolf of Wall Street" di Martin Scorsese?

C'è una scena memorabile, quella in cui Jordan Belfort, interpretato da Leonardo di Caprio, si rivolge al pubblico chiedendo ad ognuno dei presenti "vendimi questa penna" per testare le loro abilità di vendita.

Sai come si fa a vendere "questa penna" o qualsiasi cosa tu voglia?

Si parte da un bisogno, da un desiderio e usando leve emotive si persuade il potenziale acquirente convincendolo che acquistare quello che proponi è la scelta più giusta.

Non sembra facile vero?

Queste pagine contengono tutti i segreti del Marketing a Risposta Diretta.

Dopo averlo letto saprai perfettamente come vendere tutto a tutti e al prezzo che decidi tu. I tuoi clienti saranno felici di spendere da te e di pagarti anche il doppio dei tuoi competitor.

Sembra una storia inventata eppure è la realtà.

Secondo te come fa Apple a vendere le rotelle per il suo nuovo Mac a 800€? Te lo dico io amico mio, con il Marketing.

Qualcuno ha mai bussato alla tua porta cercando di venderti un iPhone?

Non l'hai comunque comprato o in qualche modo desiderato?

E quanto sono felici quelli che l'hanno acquistato pagando il doppio di qualsiasi altro smartphone?

Tanto!

Ma facciamo un passo alla volta e partiamo dal principio.

Questo libro l'ho scritto per 3 personalità che mi stanno molto a cuore:

I dipendenti, i liberi professionisti e i piccoli imprenditori.

Se sei un dipendente e hai deciso di cambiare vita e smettere di lavorare 12 ore al giorno per costruire finalmente qualcosa di tuo, questo libro fa assolutamente per te.

Se hai intenzione di dar vita a un nuovo Business, magari on line, devi per forza conoscere l'argomento Marketing.

Ne ho visti decine prima di te sciogliersi come candele al sole proprio perché non conoscevano quest'argomento.

Se sei un libero professionista ti sento molto vicino. So benissimo come ti senti, probabilmente dentro di te sei convinto di essere veramente in gamba, ma da sempre fatichi a trovare le persone giuste con le quali lavorare.

I clienti sono sempre troppo pochi e quasi certamente avrai passato giorni e giorni a inviare email ad aziende con le quali volevi collaborare, ma non sei mai stato preso troppo sul serio.

Ti rispecchi in questa situazione? Allora prosegui la lettura perché, alla fine di questo libro, avrai compreso dei concetti che ti faranno fare centomila passi avanti rispetto a dove sei adesso e rispetto alla maggior parte dei tuoi competitor ignari dell'argomento.

Se invece sei un piccolo imprenditore voglio farti una domanda per farti comprendere quanto è importante questo libro per te.

Se tu domani andassi in vacanza, la tua azienda continuerebbe a generare denaro?

Se la tua risposta è no, ti mancano senza dubbio le basi della gestione aziendale e questo probabilmente deriva da un Cash-Flow della tua azienda non soddisfacente e, posso quasi garantirti che se sei a corto di liquidi è perché sei a corto di clienti, dunque al 99% la tua strategia di Marketing (a patto che tu ne abbia una) è inefficace.

Con questo libro voglio salvarti dal limbo in cui vi trovi, insegnarti tutto ciò che hai bisogno di sapere sul Marketing online e fornirti tutti gli strumenti necessari per riuscire da subito a mettere in pratica i preziosi consigli che troverai in queste pagine.

Questo manoscritto è oro colato. Non saltare nemmeno una pagina, anzi credo sia il caso di leggerlo più di una volta e magari portarlo sempre con te per poterlo consultare ogni volta che ne avrai bisogno.

All'interno troverai una serie di esercizi, ti consiglio quindi di munirti di un quaderno e di una penna.

Non saltare gli esercizi per alcun motivo, ricorda che il miglioramento richiede rigore e costanza, solo così potrai trasformarti nella versione migliore di te stesso.

L'AUTORE

Mi presento, mi chiamo Danilo Errico, sono un imprenditore digitale e un investitore.

La mia passione per il Marketing Online nasce dai miei fallimenti. Più di una volta nella mia vita ho dato vita a realtà aziendali che alla fine si sono rivelate fallimentari a causa della mia scarsa conoscenza in materia di Marketing.

Nel 2019 ho completamente rivoluzionato la mia idea di Business e l'ho traslata online, trasformando internet nella mia banca e cominciando a guadagnare quasi esclusivamente online.

Il mio primo approccio è stato con il Self Publishing e l'Affiliate Marketing. Ancora oggi benedico il giorno in cui ho scoperto le opportunità dei business online.

Nel 2020 durante il periodo di quarantena, mentre tutti si lamentavano e non sapevano che fine avrebbero fatto, io ho fatto esattamente l'opposto, mi sono creato opportunità.

Questo è stato il momento della mia vita durante il quale ho cominciato a svegliarmi alle 5 ogni mattina. Ho incrementato a dismisura la mia produttività studiando il biohacking.

Ho letto 2 libri a settimana per mesi e mesi e continuo con questa buona abitudine tutt'oggi, ed è stato proprio durante questo periodo che ho partorito l'idea di Self Revolution.

Self Revolution voleva essere una piattaforma online dedicata al Marketing online e oggi è esattamente questo.

In pochi giorni ho strutturato l'idea, analizzato la domanda di mercato e la concorrenza, e in sette giorni ho lanciato www.selfrevolution.it.

Ho scritto due ebook, strutturato il piano di marketing e fatto tutto ciò che serviva per lanciare il corso sul mercato compreso cominciare a scrivere questo libro.

Attualmente conosco praticamente tutte le più profittevoli opportunità che la rete offre, attività che ti possono far guadagnare una quantità di denaro incredibile in maniera del tutto passiva, mentre dormi, mentre sei in vacanza o dedichi il tempo alla tua famiglia.

Ma attenzione, se c'è una cosa che devi comprendere se vuoi cominciare a cavalcare l'onda digitale, questa è il Marketing.

Comprenderne i principi e il funzionamento ti aprirà la mente e ti porterà all'illuminazione proprio come è successo a me.

Cominciamo il viaggio, mio aspirante eroe del marketing!

INTRODUZIONE

Lascia che ti dia subito dei suggerimenti straordinari:

Se vuoi avere successo negli affari non devi solo saper vendere. Se sai vendere, certo guadagnerai qualche soldo, ma per avere successo nel tempo la tua azienda deve essere sostenuta, ossia devi creare un seguito di clienti appassionati.

Perché creare dei fan è così importante?

Pensaci bene. Che cosa ci rende ricchi dal punto di vista finanziario?

C'è un solo modo per creare ricchezza e mantenerla ed è dare valore alla vita delle altre persone in maniera unica.

Se riesci a dare più valore alla vita degli altri, avrai guadagnato degli appassionati, dei fan dei tuoi servizi o attività e avere dei fan è meglio di avere il miglior reparto vendite al mondo.

Oggi nessuno presta più attenzione alla pubblicità e anche se lo facesse non necessariamente acquisterebbe il prodotto.

Quello che oggi fa vendere è avere della gente che consiglia agli altri il tuo prodotto perché lo considerano il migliore sulla piazza o semplicemente perché hanno avuto l'assistenza post-vendita migliore del mondo.

Se vuoi che la tua impresa vada al massimo è indispensabile che le persone parlino bene di te, dei tuoi servizi e del tuo prodotto.

Prima di tutto devi fare il punto della situazione e dirigere l'energia verso l'obiettivo che stabilisci.

Chiediti: dove sono in questo momento con il mio business?

È molto importante che tu abbia un piano per la tua azienda, una mappa.

È una cosa davvero fondamentale.

Pensaci, hai un piano d'azione per i prossimi 5 anni?

Se pensi di averne uno è una bugia.

Perché?

Perché il mondo cambia così rapidamente che non si può avere idea di ciò che avverrà da qui a 5 anni.

Che cosa vuol dire avere una mappa per la propria azienda?

Vuol dire avere un piano. Vuol dire che hai sotto controllo gli sviluppi del tuo business, ti muovi in base al piano e arrivi diritto all'obiettivo mentre tutto intorno il mondo cambia.

I limiti che dai a te stesso, sono i soli che limiteranno la tua azienda e la scelta delle persone con cui farai affari.

Se chiedi a Peter Drucker uno dei più grandi geni degli affari di tutti i tempi, lui ti dirà che esiste solo una domanda, forse 2, nel campo degli affari, e la domanda è: *Qual è il settore in cui operi*? E la seconda: *Come vanno i tuoi affari?*

Analizza il tuo modo di fare impresa e quello dei tuoi collaboratori, questo vale per tutti i business.

Di quale attività fai parte o dovresti far parte?

Pensaci bene perché forse non hai sperimentato il fallimento, ma potresti arrivarci.

L'inverno è dietro l'angolo ed è meglio avvantaggiarti per non morire di freddo.

Se farai le cose che ti dirò, riuscirai a dominare il mercato, anche se sei piccolo. Potrai diventare grande nei momenti difficili perché è proprio in quei momenti che avvengono i grandi cambiamenti.

Ricorda che per avere successo dovrai innamorarti dei tuoi clienti.

In quale fase della vita è la tua azienda?

Le tue finanze dipendono dal ciclo di vita della tua attività.

Un'attività ha una vita propria come tutti gli esseri umani.

Tutte le attività hanno degli stadi di sviluppo.

In fase iniziale bisogna sviluppare un piano di previsione.

E se ci fosse un modo per prevedere i problemi che si incontreranno nel ciclo di vita di un'attività prima che accadano?

La seconda cosa importante per lo sviluppo dei tuoi affari è cercare costantemente un'innovazione strategica.

Sembra difficile da raggiungere. Non parlo solo di innovazione.

Potresti innovare costantemente ma la tua innovazione potrebbe non portare risultati. Parlo di un'innovazione che interessi ai tuoi clienti.

Peter Drucker ha sempre detto che al centro di ogni affare ci sono 2 cose e se l'attività è di successo, queste due cose ne sono il nucleo:

L'**innovazione** e il **Marketing.**

Qualsiasi persona sia stata assunta nella tua azienda lo è stata perché capace di vendere o di innovare.

Innovare vuol dire trovare il modo di andare incontro ai bisogni del cliente, trovare il modo per valorizzarli più di quanto chiunque altro abbia mai fatto.

La scelta è: innovare o morire.

Pensa alla Apple. Nonostante sia la più grande sul mercato trova sempre il modo di innovare.

Ogni anno nuovi prodotti e nuove tecnologie, ecco perché è la numero 1.

È in questa direzione che devi andare, incontrare ancora di più la domanda aggiungendo valore ai prodotti in modo originale. È così che si creano clienti appassionati

Arriviamo al terzo suggerimento.

Quello che Drucker ha detto è che tutte le aziende di successo hanno al loro centro l'innovazione e il marketing.

Rispondi a questa domanda: Il miglior prodotto o servizio, vince sempre, sì o no?

Quale azienda vince sempre? McDonalds vince?

Adesso chiediti: McDonalds fa gli Hamburger migliori del mondo sì o no?

Il 100% delle persone a cui l'ho chiesto ha risposto di no. È un no dovuto al fatto che non sono di certo i più gustosi o di qualità migliore, ma in che cosa sono i migliori, i numeri 1?

NEL FARE MARKETING DEL LORO PRODOTTO IN TUTTO IL MONDO.

Quest'azienda ha capito l'importanza di fare Marketing e, nonostante il prodotto che vende sia di mediocre qualità, è riuscita a fare in modo che milioni di persone, in tutto il mondo, mangino i loro hamburger.

Eccoti un altro nodo che riguarda la vendita.

Lo sai quante volte una persona, 15 anni fa, doveva vedere una pubblicità prima di decidere di acquistare il prodotto che sponsorizzava?

Te lo dico io. 4 Volte.

E sai oggi quante ne occorrono per raggiungere lo stesso scopo?

16.

Che impatto ha questo sulle aziende?

Devi aggiungere valore, il Marketing deve educare, deve valorizzare. In questo modo il valore aggiunto del tuo messaggio sarà il tuo prodotto.

Devi offrire realmente valore al tuo clienti, perché se farai soltanto pubblicità, prima o poi non ti vorrà più nessuno.

Non avrai bisogno di 16 passaggi, te ne basterà 1 solo se fatto come si deve.

La gente risponderà alle tue email e ti cercherà. Vedrai la tua attività crescere come neanche ti saresti mai aspettato.

La forza numero 4, consiste nel costante e continuo sviluppo di un sistema di Marketing.

Il Marketing è meraviglioso, ma se non viene convertito in vendite, prima o poi avrai un crollo.

Nel business devi avere almeno 3 gambe, una di queste è la squadra di venditori.

Come sviluppare questo punto, qualunque sia la tipologia della tua azienda?

Con la tecnologia e con internet potrai assumere persone che lavorano per te 365 giorni all'anno, 24 ore su 24 da tutte le parti del mondo, basta fare un colloquio tramite skype. Puoi vederle e formarle direttamente online molto meglio di come si faceva una volta con le solite riunioni che si svolgevano all'interno di una stanza.

Puoi monitorare cosa fanno e come rispondono, il tutto attraverso la rete.

Trovare venditori è una cosa semplice che può darti grandissimi risultati, ma attenzione, è una cosa che va fatta molto bene.

Ora voglio darti un consiglio d'oro: i grandi venditori non si creano, ma si scoprono e poi si formano per fare il meglio.

Il carattere è fondamentale.

Se dovessi darti un consiglio sarebbe: oltre a formare i tuoi venditori, punta su chi ha una propensione naturale per la vendita e fallo diventare il migliore.

Voglio ora parlarti della capacità di intuizione in modo da smettere di reagire agli eventi e cominciare ad anticiparli.

Nella tua azienda questa capacità è fondamentale in ambito legale, amministrativo e finanziario.

Conoscere i numeri è veramente fondamentale per il tuo business.

Ci avrai lottato tante volte perché non è sempre facile, anzi.

Voglio dirti una cosa: le aziende che cadono perché i proprietari non conoscono il settore amministrativo e finanziario sono moltissime.

Non importa quanto sia grande la tua azienda e quanto venda, per imparare a guidarla dovrai comprenderne il lato economico.

Psicologia e competenza dell'imprenditore sono fondamentali da sviluppare. Se non svilupperai la capacità di guidare finanziariamente la tua attività, potresti ritrovarti nei guai.

Non c'è una patente per gli affari, puoi anche andare in giro non sapendo niente dei numeri, ma se crederai che questo non è importante, fallirai.

Se ti dicessi che da ora ai prossimi 6, 8 o 18 mesi puoi far crescere la tua attività dal 30% al 130%?

Non sto esagerando.

Spendendo 5.000€ potresti ricavarne 150.000 oppure, spendendone 10.000 potresti guadagnare 500.000.

Questo non vuol dire spendere soldi, ma investirli.

Sei d'accordo con me?

Se vuoi ottenere il massimo dalla tua azienda in modo continuo, impara ad ottimizzare.

Acquisisci consapevolezza ogni giorno riguardo il tuo percorso professionale e lavora per fare piccoli cambiamenti che portino a risultati straordinari.

ANALISI DI MERCATO

L'analisi di mercato è il primo passo fondamentale per la creazione di un business. Serve per evitare di mettere in piedi un'impresa enorme, spendere tempo e denaro per poi ritrovarsi con un pugno di mosche tra le mani.

Molti aspiranti imprenditori pensano prima al prodotto e poi al mercato in cui operare.

Questo tipo di mentalità è del tutto sbagliata.

Non puoi pensare di vendere accendini e poi alla fine della corsa renderti conto di abitare in un paese di non fumatori.

Ecco perché il mercato viene sempre prima del prodotto, è questo il giusto approccio di un Marketer!

Dopo aver effettivamente valutato che la domanda per il tuo prodotto o servizio è alta, devi analizzare i competitor.

Quando entri in un mercato, di certo qualcuno ci sarà entrato prima di te e avrà cominciato prima di te a colonizzarlo.

Ecco perché devi analizzare la concorrenza e il suo modo di agire sul mercato.

Vedrai che esistono persone che agiscono a occhi chiusi, altre che lavorano male e altre ancora che da sole posseggono l'80% delle quote di mercato.

I mercati

I mercati sono quei luoghi (anche in senso figurato) in cui vengono realizzati gli scambi economico-commerciali per ogni tipo di prodotto o servizio.

Ogni mercato può essere "suddiviso" in insiemi più piccoli e più specifici che si chiamano "segmenti di mercato".

I mercati evergreen

Tutti vogliamo essere ricchi, stare bene in salute e avere relazioni di successo.

- Ricchezza
- Salute
- Relazioni

HEALTH   WEALTH   RELATIONSHIPS

Sono i nostri bisogni primordiali che rendono questi mercati degli evergreen.

Io per esempio tratto il marketing e spiego ai miei lettori e ai miei allievi come fare più soldi con il marketing a risposta diretta, opero quindi nel mercato della ricchezza e vado a soddisfare un atavico bisogno.

Il mercato della salute comprende quello farmaceutico, degli integratori, dello sport, insomma tutti quelli che trattano un prodotto o un servizio che impatta sulla nostra salute.

Il mercato delle relazioni è legato a quello degli appassionati. Pensaci un attimo: molti coltivano le loro passioni spesso e volentieri per trovare persone con cui condividerle.

Giocare a golf da soli non è così divertente, né tantomeno giocare da soli ad un gioco di strategia!

Ecco perché, per farti un esempio, il mondo dei videogames si è evoluto verso il multiplayer. Sfidare altri giocatori o lottare al fianco del tuo amico virtuale contro il boss finale, non ha prezzo.

Io stesso, quando avevo 14 anni, sono stato fortemente dipendente da questo tipo di esperienza e posso dire di aver contribuito all'economia di questo mercato.

Anche un centro estetico per esempio, farà capo al mercato delle relazioni. Ogni donna vuole essere bella per avere relazioni migliori con l'altro sesso.

Una palestra farà capo sia al mercato della salute che a quello delle relazioni.

Se il tuo business è da tutt'altra parte rispetto a questi 3 mercati fondamentali, fare un buon marketing a risposta diretta potrà solo aiutarti a restare a galla, ma non ti aiuterà a costruire un sistema milionario.

Cerca di individuare nel tuo business (o in quello che hai intenzione di costruire) quali di questi bisogni vai a soddisfare e se non trovi un collegamento, valuta seriamente di cambiare strada o modifica quella che stai intraprendendo.

Le nicchie di mercato

Ogni segmento di mercato può essere diviso in quelle che si chiamano "Nicchie di mercato" ossia gruppi di persone con caratteristiche simili.

Una nicchia di mercato è un sottoinsieme di un segmento di mercato che a sua volta è un sottoinsieme di un mercato principale.

Per esempio: una nicchia del segmento "investimenti" potrebbe essere "investimenti immobiliari" oppure una nicchia del segmento "trading" potrebbe essere "trading con le cripto valute".

Per ogni nicchia puoi scendere ancora più in basso e scovare le più profittevoli sotto-nicchie.

Esempio: Wealth (mercato) -> Investimenti (segmento) -> Investimenti immobiliari (nicchia) -> investimenti immobiliari di lusso (sotto-nicchia).

Ogni volta che parlo nelle mie consulenze di segmenti di mercato e di nicchie mi vengono fatte sempre le stesse domande, ecco perché ho deciso di scriverti la più ricorrente in questo libro:

Domanda

Perché fossilizzarmi su una nicchia con meno persone quando potrei scegliere un mercato più grande?

Risposta

Le dimensioni contano, ma non come intendi tu. Il maggior successo facendo marketing è raggiungere la conversione e far sganciare il grano al tuo potenziale cliente. Se la nicchia è troppo grossa ci sono una serie di problemi a cui andrai incontro.

La concorrenza è molto più elevata e quindi, o hai la potenza economica per spazzare tutti quanti via dal mercato imponendoti come autorità, o finirai nel calderone di quelli che inesorabilmente falliranno.

Una nicchia va conquistata e per conquistarla devi poter offrire qualcosa che abbia una certa risonanza, una soluzione ai problemi di chi appartiene a quella nicchia o qualcosa che esaudisca i suoi desideri!

Vien da sé che più la nicchia è ristretta e più diventa facile individuarne i bisogni, le paure e i desideri per poter offrire così soluzioni dedicate.

Il problema di una nicchia troppo larga l'ho sperimentato sulla mia pelle quando avevo una scuola di musica.

Non scelsi per esempio di mettere in piedi una scuola di chitarra elettrica dedicandomi ad un target specifico, ma scelsi tutti gli strumenti.

Era difficile per me poter soddisfare le esigenze dei miei allievi, capire cosa desideravano tutti quanti anche perché avere di fronte 6 o 7 tipi di personalità diverse, non mi facilitava le cose.

I chitarristi volevano qualcosa di diverso dai cantanti che volevano qualcosa di diverso dai batteristi.

La nicchia dei chitarristi non poteva essere soddisfatta a pieno perché le mie attenzioni erano suddivise su altre 6 nicchie.

Fare pubblicità sarebbe stato molto più dispendioso in quanto avrei dovuto creare diverse campagne pubblicitarie che puntavano a diverse personalità; realizzare diverse creatività e testare diversi copy.

Quindi lo dico e lo ribadisco: meglio una nicchia specifica e ristretta che una troppo larga e troppo competitiva!

I Vantaggi di scegliere una nicchia

Scegliere una nicchia ben specifica significa anche riuscire a profilare il tuo pubblico.

Chi arriverà sul tuo sito o entrerà nel tuo negozio sarà certamente interessato all'argomento che tratti!

Se tratti di investimenti e sul tuo sito arriva un investitore immobiliare, non è detto che trovi ciò che sta cercando, soprattutto se in prima pagina trova qualcosa che riguarda l'investire in azioni.

Questa cosa non porta che scarsi risultati in termini di conversione e quindi di profitto.

Per farti un altro esempio: mettiamo che tu sia interessato alla coltivazione di piante aromatiche sul balcone, andrai su google e cercherai soluzioni, trovando:

Il SITO 1 che parla di tutte le piante da balcone

Il SITO 2 che parla di piantine aromatiche

Secondo te chi riuscirà a soddisfarti?

Più la nicchia sarà specifica e ristretta, più i visitatori saranno in target e più alta sarà la possibilità di conversione del potenziale cliente.

Oltretutto senza aver fatto nessuno sforzo, le persone che ti troveranno ti considereranno come un vero esperto del settore.

Se vai su un sito che si chiama "piantinearomatichesulbalcone.it" avrai la percezione che l'autore è certamente super competente a proposito di erbe aromatiche sul balcone.

Vedi, per guadagnare devi vendere, per vendere devi fare marketing e per fare marketing devi creare dei contenuti.

La maggior parte delle persone crea contenuti *ad cazzum,* puntando a destra e a manca, uscendo fuori dalla nicchia e meravigliandosi di ottenere scarsi risultati.

4 contenuti selezionati e ben targhettizzati funzionano 100 volte meglio di 1000 contenuti incoerenti.

I contenuti devono parlare alla nicchia e devono essere influenzati dal tuo modo di fare Branding.

I contenuti di Apple (Think different) siano essi pubblicità in tv, foto su Instagram o Facebook ecc. parlano ad un determinato tipo di target e lo fanno tenendo sempre al centro l'identità del brand.

Ma veniamo ad un'altra domanda:

Come trovo una nicchia?

Segui le tue passioni e le tue competenze! Non è vero che le proprie passioni non si possono monetizzare.

Il fatto è che tu non puoi mettere la tua passione al centro. Questo vuol dire che se suoni la chitarra e per qualche motivo ancora non chiaro decidi di aprire una scuola di chitarristi, il tuo essere chitarrista non deve essere al centro di questa scelta.

Devi cominciare a pensare da imprenditore, perché saper suonare la chitarra non è condizione necessaria e tantomeno sufficiente per aprire una scuola di musica, ma la tua passione riuscirà a farti superare le difficoltà imprenditoriali che si presenteranno nel tempo.

Attenzione: se non c'è mercato per la tua passione, fermati!

Se la tua passione è il Klingon, probabilmente quando vorrai vendere delle lezioni di Klingon non caverai un ragno dal buco.

Ad ogni modo, mettendo da parte la passione e pensando a come costruire un business con il solo obiettivo del lucro, dovrai chiederti:

Come trovo nicchie profittevoli?

Una nicchia profittevole è popolata da persone che sono disposte a spendere soldi per il prodotto o il servizio che offri e di conseguenza ci sarà alta domanda e alta concorrenza.

Il segreto è trovare una nicchia profittevole con alta domanda e alta concorrenza.

All'interno di questa nicchia, comincia a scendere in profondità fino a trovarne una con alta domanda ma concorrenza più bassa.

Come fare?

Esempio: scopri che gli integratori alimentari hanno un buon mercato, c'è domanda e anche tanta concorrenza.

Scendi ancora più nel dettaglio: scopri quale mercato c'è per gli integratori alimentari per le donne Over 50.

La concorrenza sarà certamente minore quindi, una volta che ti sei assicurato che c'è domanda per questo tipo di prodotto, allora hai trovato una nicchia profittevole.

Solitamente se nella nicchia che stai valutando ci sono degli inserzionisti e anche "guru" di settore con attività redditizie, allora è molto probabile che la nicchia sia profittevole.

Fai un Check

Gli strumenti giusti fanno una enorme differenza.

Alcuni sono gratuiti e sono proprio sotto il tuo naso.

Google Trends è uno di questi. Basta andare sulla piattaforma e digitare le parole chiave che vuoi analizzare.

Esempio: Abiti da cerimonia oppure Abiti da sera.

Scrivili entrambi per confrontarli e valutare quante persone effettuano ricerche su Google per questo trend.

Potrai anche analizzare l'andamento del trend e scoprire se si tratta di uno stagionale oppure di uno in crescita.

Un trend stagionale è quello per il quale l'interesse sale e scende in maniera stagionale (alcuni tipi di alimentari, i giocattoli, i prodotti natalizi ecc.).

Se il trend è crescente allora l'interesse della gente è crescente e la domanda lo è altrettanto.

Una volta valutata la domanda allora cerca chi sono i tuoi competitor. Usa il web, segna i loro siti Internet e scopri che tipo di offerta propongono. Pensa a come poter migliorare la loro offerta.

Migliorare l'offerta non significa necessariamente piazzare un prezzo più basso, potrebbe trattarsi semplicemente di un packaging differente.

Qualcosa che faccia PERCEPIRE il tuo prodotto come "migliore" o come un "affare migliore".

Vai su Google e cerca come se tu fossi un tuo potenziale cliente.

Vedi se ci sono inserzionisti ai primi posti su Google. Questo ti garantisce che in questa nicchia qualcuno sta già potenzialmente guadagnando.

Se nessuno sta creando inserzioni nella tua nicchia, allora non va bene.

Verifica che in effetti i competitor ci siano perché, se sei il pioniere di quella nicchia non va affatto bene ecco perché:

Non servono pionieri

Questo estratto l'ho inserito anche nel mio ebook "La mucca viola", titolo ispirato al libro "Purple Cow" di S. Godin.

Il dubbio che affligge tutti è l'incapacità di creare qualcosa di veramente innovativo, ma chiediamoci: Essere dei pionieri è buono e giusto? Avere un'idea nuova e portare sul mercato qualcosa a cui il pubblico non è abituato, è una scelta saggia?

La verità è che nella stragrande maggioranza dei casi i pionieri non hanno risultati. Per creare un business che sia profittevole non è necessario inventare alcunché, devi semplicemente portare sul mercato: - Qualcosa di esistente ma ottimizzato - Una variante di qualcosa che già sta funzionando - Un prodotto o un servizio già esistente, ma reso più specifico per una determinata nicchia, più ristretta.

Esempio: Se sei uno Psicologo e il tuo settore va molto bene, ti potresti focalizzare nel diventare il punto di riferimento per le donne vittime di abusi. Rimarresti uno psicologo, ma questa specializzazione consentirebbe di aumentare il tuo tariffario ed avere un target più profilato.

Se hai un ristorante o vuoi aprirne uno, assicurati di vendere High Ticket (prodotti e servizi ad alto prezzo che ti consentano grossi margini). Un esempio sono i ristoranti che offrono solo bistecche pregiate: Wagyu, Kobe, Carne Argentina o comunque un prodotto che ti permetta di alzare i prezzi.

Perché non va sempre bene inventarsi le cose? È molto difficile parlare alle persone di una cosa che non hanno mai visto e che non sono pronte a ricevere. Ci vuole infatti tantissimo tempo per far accettare alle persone un nuovo prodotto. Inoltre se non hai né margini abbastanza alti e né investimenti esterni, non andrai da nessuna parte, proprio come Facebook all'inizio.

Se invece proponi una variante di qualcosa che conoscono, dato che la PERCEZIONE funziona in modo COMPARATIVO, avrai molte più probabilità di successo.

Quindi alla fine cosa fare? Devi creare un prodotto o un servizio che sia riconoscibile, che abbia sufficiente richiesta. Creare il bisogno dal nulla per poi vendere, richiede uno sforzo monetario non da poco e se il tuo business non genera abbastanza Cash-Flow non ce la farai.

La piramide della consapevolezza

È ciò che serve per collocare le persone in funzione della loro consapevolezza del problema e della soluzione.

Ecco com'è strutturata dalla cima alla base:

1. Consapevoli di tutto
2. Consapevoli del prodotto
3. Consapevoli della soluzione
4. Consapevoli del problema
5. Non consapevoli

Nella parte più in alto della piramide ci sono i clienti più consapevoli. Loro non aspettano altro che un invito all'acquisto. Sanno di avere un problema, sanno che c'è una soluzione per risolverlo e sanno anche tu offri quella migliore.

Poi ci sono le persone consapevoli del prodotto e più in basso quelle consapevoli della soluzione le quali però ancora non hanno capito che quella offerta da te è la migliore.

Ancora più sotto ci sono quelli consapevoli di avere un problema, ma che ancora non hanno capito come risolverlo. Per esempio io che anni fa avevo la mia scuola di musica, praticamente vuota. Ero cosciente di avere un problema, ma non avevo la minima idea di quale fosse (avere pochi clienti era solo un sintomo del problema, quello reale era più in fondo) e di conseguenza come fare per risolverlo!

Adesso l'ho capito così bene che ci ho scritto un libro.

Alla base della piramide invece, ci sono i clienti meno consapevoli di avere un problema. Nella realtà dei fatti il loro problema è ancora inespresso.

Queste sono quelle persone che, se ben stimolate, riuscirai a portare nel tuo target.

Dove stanno i soldi?

Più punterai alle persone in cima alla piramide, meno dovranno essere i tuoi sforzi per vendere loro la tua soluzione, ma ATTENZIONE: in alto la concorrenza è spietata e a meno che tu non abbia più budget dei tuoi competitor per pubblicizzarti, è molto meglio starne alla larga.

I soldi stanno in basso, nelle persone inconsapevoli del problema e in quelle consapevoli del problema ma che non sanno quale sia la soluzione idonea a risolverlo.

È qui che i marketer più forti fanno la loro fortuna!

Il come attaccare la base della piramide lo scoprirai leggendo, posso anticiparti che certamente bisognerà puntare ad ogni livello della piramide con tecniche differenti.

Non potrai pensare di vendere un affilacoltelli allo stesso modo, a persone consapevoli e a quelle inconsapevoli.

Ecco perché in questo libro ho inserito un ricchissimo capitolo che riguarda il copywriting, l'arte dello scrivere per vendere, l'arte della persuasione scritta.

Piano piano tutto avrà senso, tranquillo e continua a leggere.

IL POSIZIONAMENTO

Una volta scelta la nicchia in cui operare ti devi posizionare e comunicare la tua idea differenziante.

Ad oggi infatti non puoi pensare di scegliere una nicchia e buttartici dentro come un kamikaze senza differenziarti dagli altri.

Che si parli di pubblicità, vendita diretta o strategia aziendale, la vittoria non dipende solo dall'avere il prodotto migliore da proporre, ma soprattutto dall'abilità di insinuare il giusto messaggio differenziante nella mente dei potenziali clienti, e nel fare in modo che rimanga lì.

Il punto non è ciò che si fa al prodotto, ma ciò che si fa alla mente del potenziale cliente! Cambiare nome, prezzo o confezione non cambia veramente il prodotto ma protegge la posizione che questo ha nella mente del potenziale cliente.

Infatti posizionarsi non ha a che fare con la posizione che tu devi assumere, bensì alla posizione assunta dal tuo brand nella mente delle persone.

Devi essere straordinario

Essere straordinari, come la mucca viola di Seth Godin significa farsi notare, far parlare di sé e suscitare interesse.

Nella storia del Marketing le cose sono molto cambiate.

Pensa a quando è stata inventata la televisione, qualsiasi immagine fuoriusciva da quella scatola era senza precedenti! Anche le righe colorate dell'interruzione di segnale suscitavano interesse!

Oggi siamo bombardati da pubblicità di ogni tipo, immagini, suoni, profumi che hanno ingolfato totalmente la nostra percezione del mondo.

La mucca viola

Il modo migliore per fare marketing è quello di percorrere la via più rischiosa, sembra un paradosso, ma Godin lo esplicita chiaramente: la via meno rischiosa da intraprendere è proprio quella di rischiare, solo così si faranno cose davvero fenomenali.

Il rischio che devi correre è quello di fare qualcosa di veramente straordinario. Realizzare strategie di Marketing richiede costi molto elevati.

È altrettanto vero che se avrai il coraggio di diventare la mucca viola di una determinata nicchia, allora diventerai potenzialmente ricco. Impossibile? No. Se il mercato è molto competitivo e tu non sarai in grado di posizionarti, fallirai perché resterai invisibile e non riuscirai a catturare l'attenzione. Il rischio più grande è quindi quello di essere anonimo.

Per quanto possa sembrare assurdo, non si sa se realmente la Mucca Viola funzioni, se avrà successo o meno quando si intraprende questa via, ma la verità più assoluta è che a farla funzionare è l'imprevedibilità stessa del risultato, perché essere banali porta ad un sicuro fallimento, la straordinarietà no di certo.

Parliamoci chiaro, questa non è una garanzia di successo, ma di certo un ottimo consiglio da seguire ed è possibile applicarlo veramente ad ogni campo.

Il principio della mucca viola si può applicare oltre che nel posizionamento, in qualsiasi delle attività che svolge la tua impresa.

Ti ricordi la pubblicità del buondì motta con il meteorite che distrugge tutto?

Chiaramente quella è una strategia di posizionamento straordinaria!

Realizzare una pubblicità diversa da tutte quelle prodotte dai tuoi competitor ti rende memorabile!

Bisogna sempre posizionarsi?

Diciamo che dovrai pensare bene a quanto investire nel posizionamento e quanto nell'educazione alla consapevolezza del tuo potenziale cliente.

Dovrai valutare il momento e la consapevolezza del tuo target.

Di certo essere una mucca viola in un pascolo di mucche normali, porterà sempre i suoi vantaggi, ma non è una cosa che bisogna fare ad occhi chiusi.

Nel marketing tutto deve avere un senso.

Qual è il motivo per il quale bisogna posizionarsi?

Semplice, impiantarsi nella mente del cliente consapevole.

E se un cliente non è consapevole nemmeno del problema, a che serve impiantarsi?

Il brand positioning è una questione legata ai grandi brand che si riferiscono ad un cliente pienamente consapevole che non deve fare altro che scegliere tra più soluzioni.

Se sei davanti allo scaffale di un supermercato per scegliere una bibita gassata, sceglierai la coca cola!

Questo perché Coca-cola spende milioni di € per fare brand positioning e impiantarsi nel tuo subconscio.

Tu che molto probabilmente non punterai alla parte alta della piramide, non avrai bisogno di creare un elemento così differenziante, piuttosto, partendo dal basso, dovrai puntare a creare un forte modello educativo e in futuro potrai e dovrai di certo investire nel posizionamento.

Citrullina

No, non ti sto offendendo, voglio solo farti capire meglio questo concetto e rafforzarlo.

Ok, ma cosa ci fa un'anguria qui?

Fra qualche riga lo scoprirai.

Questo perché se girerai il web non faranno altro che riempirti il cervello con il concetto di posizionamento e tu vorrai applicarlo senza però averlo compreso a fondo, sbagliando.

Ipotizziamo che io sia un rivenditore di integratori di Citrullina.

Forse saprai che la citrullina è un'alternativa naturale contro la disfunzione erettile.

L'anguria è ricca di citrullina, un aminoacido che, reagendo agli enzimi del corpo umano, si trasforma in arginina, la sostanza che dilata i vasi sanguigni.

Il processo è lo stesso dei farmaci contro l'impotenza. In più, l'anguria non faciliterebbe soltanto l'attività sessuale ma rafforzerebbe anche il cuore, il sistema circolatorio e il sistema immunitario.

Ora, se tu non sei al corrente di tutte queste informazioni, io avrei già in partenza un problema da risolvere prima di riuscire a venderti la mia soluzione.

Se tu conoscessi tutti i benefici della citrullina, non farei alcuno sforzo per vendertela, ma se ne ignori l'esistenza, il fatto che io mi posizioni nella tua mente come il numero 1 dei brand che trattano integratori di citrullina, non farebbe leva su di te.

Non posso pensare esclusivamente di posizionarmi, perché arriverei solo alle persone che ne conoscono i benefici puntando solo alle persone nella parte alta della piramide e dovrei competere con i leoni in gabbia.

Ecco perché investire nel posizionamento non è la scelta migliore da fare in ogni circostanza.

Alcune volte è meglio puntare all'inconsapevolezza del tuo potenziale target e trasformarlo da potenziale cliente inconsapevole, a cliente consapevole . Trasformatosi nel tuo target, potrai, in futuro, investire nel posizionamento così da impiantarti nella sua mente in maniera definitiva.

IL MARKETING A RISPOSTA DIRETTA

La teoria dice questo: Il marketing è un processo che parte dall'analisi della domanda e della concorrenza e stabilendo degli obiettivi, individua i problemi o i desideri dei potenziali clienti e stabilisce la strategia migliore per raggiungerli, educarli e soddisfarli con reciproco vantaggio.

La pratica dice questo: il Marketing a risposta diretta è l'unica forma di marketing nella quale tu dovresti investire.

Questo perché è misurabile e ti permette di calcolare per ogni euro speso, quanti ne hai guadagnati.

In Italia comprendere il Marketing a risposta diretta è come avere un vantaggio sleale sui tuoi concorrenti, perché non lo conosce quasi nessuno e, chi lo conosce non lo sa applicare.

Ci sono persone che dicono di fare Marketing quando postano una foto su Facebook.

Quando imparerai ad utilizzarlo o troverai qualcuno che lo faccia per te, il tuo pensiero principale non sarà più rivolto a quanti euro dovrai investire in pubblicità, ma a quali e quanti canali poter sfruttare per investire di più e guadagnare di più.

Il marketing a risposta diretta si occupa di comunicare un'idea differenziante ad un target di persone specifico che avverte un forte problema.

È ovvio che, se la tua soluzione è la copia di centinaia di soluzioni e non introduce una vera e propria differenziazione in una strategia di marketing realizzata su misura per te, nulla potrà funzionare.

Se non sarai in grado di comunicare in modo adeguato la tua soluzione esclusiva, non susciterai l'approvazione del tuo potenziale cliente che comincerà a navigare alla ricerca di soluzioni alternative e quindi i soldi spesi da te per la tua pubblicità, porteranno un beneficio anche ai tuoi competitor.

Approccio al Marketing

L'approccio imprenditoriale è ben diverso dall'approccio del Marketing. L'impresa è focalizzata sul fatturato e punta a vendere tutto ciò che ha prodotto grazie alla sua capacità di produzione.

Il Marketing invece, mira al profitto producendo solamente ciò che ritiene di poter vendere, basandosi sull'esigenza della propria domanda di riferimento, ergo: se non c'è un mercato per degli accendini dedicati ai non fumatori, non li produco. Marketing deriva dal verbo TO MARKET e vien da sé che non è possibile fare marketing se non esiste un mercato per i propri prodotti/servizi.

Il Marketing non è la Pubblicità

Molti miei clienti e allievi hanno questa malsana convinzione che Marketing sia la stessa cosa di pubblicità. Questa convinzione è errata.

Qualcuno dice che la pubblicità viene prima del marketing e comprende tutte quelle tecniche utili a indirizzare il tuo potenziale cliente verso il tuo ecosistema di marketing.

Io direi che la pubblicità è proprio inglobata nel marketing.

Mi spiego meglio: se tu decidessi di fare pubblicità al tuo bellissimo prodotto, senza avere un piano di marketing ti garantisco che spenderesti il triplo dei soldi, avresti meno della metà dei risultati e sul lungo periodo perderesti un guadagno non quantificabile.

La pubblicità deve essere compresa nella strategia di marketing altrimenti non porterà alcun risultato.

Se realizzi un video bellissimo della tua azienda senza creare intorno a questo video una strategia, molto probabilmente quel video sarà una spesa e non un investimento.

Quindi direi con certezza che la pubblicità fa parte delle strategie di marketing.

L'ecosistema del Marketing

Fare marketing è un processo abbastanza semplice se si comprende a fondo in che modo funziona l'ecosistema.

È importantissimo che tu comprenda che il marketing è un ecosistema e tu non potrai studiarne soltanto una parte.

Studiare solo il copy, solo le Facebook ads, solo l'email marketing, non farà di te un marketer di successo.

Dovrai comprendere a fondo ogni strumento necessario allo scopo.

All'inizio ho provato a spiegartelo in poche righe, la verità è che se io non sapessi cos'è il marketing e come creare una strategia, avrei capito ben poco da quella spiegazione.

Questo perché non puoi dirlo in due parole se vuoi farlo comprendere a qualcuno, servono esempi pratici, eccotene uno.

Mr. Red

Il signor Red ha un negozio di Informatica, la sua clientela scarseggia e il suo flusso di cassa non è ottimale per pensare di fare investimenti, ingrandirsi e prosperare.

Per farsi conoscere e attirare clienti, il nostro Mr. Red ha aperto una pagina Facebook e una Instagram, provando a caricare qualche foto con scarsi risultati.

Trascorreva almeno 2 ore al giorno a scattare foto, scrivere testi, pubblicare, e valutare infine quanti pollici in su o cuoricini riceveva sotto le sue foto, considerando quelli come parametri di valutazione del suo successo.

Avendo questa malsana convinzione decide di partire con delle sponsorizzate, in modo che la foto fichissima del computer che aveva assemblato, potesse raggiungere più persone possibili e fare più cuori.

Che tenero il signor Red, non conosce il Marketing e si accontenta di questo!

La dura realtà è che il signor Red per fare questa sponsorizzata ha speso 200€ e non ha la benché minima idea di quale sia il suo ritorno di investimento (ROI) perché non sa in che modo monitorare la sua pubblicità. Forse qualcuno sarà entrato nel negozio grazie a questi 200€ o forse no!?

Le cose non vanno meglio nel tempo, ma il signor Red continua senza sosta a pubblicizzare il suo lavoro spendendo altro tempo e altri soldi, perché lui ha anche un'altra errata convinzione, cioè che se lavori sodo sarai ricompensato!

CAZZATE!!!

Se lavori **con criterio**, sarai ricompensato. Lui portando avanti il suo modus operandi si spacca in due, ottiene scarsi risultati e continua a perseverare. Questo non è un modo intelligente di fare.

Sfortunatamente per lui, non riesce a comprendere che ha preso la strada che porta all'oblio. Questo accade perché non ha un piano di Marketing che gli permette di incrementare i suoi clienti in modo sistematico, ossia monitorando l'incremento e il ritorno sull'investimento pubblicitario.

Mr. Red 2.0

Un giorno il nostro amico si imbatte in una sponsorizzata che vende una consulenza di Marketing.

Ne aveva già sentito parlare, ma non aveva mai compreso fino in fondo di cosa si trattasse, sembrava una di quelle cose che fanno solo le grandi aziende!

Sente però che alla fine non ha proprio niente da perdere e va fino in fondo alla ricerca disperata di una soluzione.

Dopo un mese di analisi con il suo consulente il nostro sig. Red è una persona nuova e ha compreso alla perfezione i suoi errori e grazie al suo consulente esperto di Marketing decide di agire in questo modo:

Crea una strategia di acquisizione di potenziali clienti.

Fino ad ora aveva visto il suo pubblico come una massa informe di persone e vendeva a chiunque entrasse nel suo negozio, senza comprendere a fondo quale fosse il suo target ideale.

Oggi ha compreso che non sono tutti suoi clienti e ha identificato il profilo che rappresenta meglio il suo potenziale cliente.

La sua strategia di acquisizione consiste nell'offrire alla sua clientela una guida passo passo per formattare il computer e renderlo più performante, regalando addirittura un buono da 10€ a fronte di una spesa di 50€.

Da questo momento in poi decide di arrivare a tutti i suoi potenziali clienti con una sponsorizzata su Facebook.

Realizza un video e ci mette la faccia, spiega bene cosa sta offrendo e che, chi vuole la sua utile guida e un buono sconto di 10€ deve soltanto inserire il suo indirizzo email e i suoi dati per ricevere tutto nella sua casella di posta.

Allo stesso tempo, per poter raccogliere tutti i dati dei suoi clienti e usarli in futuro, si abbona ad una piattaforma che gli permette di raccogliere i contatti e ordinarli.

Piazza 200€ e sponsorizza il suo video.

Riesce così a raccogliere in 10 giorni, 200 contatti di potenziali clienti.

Adesso può essere quasi certo che 200 persone verranno a spendere 50€ che, con uno sconto di 10€, produrranno un fatturato di 8.000€

Da questo momento in poi il Sig. Red ogni settimana propone nuove offerte per attirare nuovi clienti e contemporaneamente invia una mail ogni 3 o 4 giorni a tutti i suoi contatti aggiornandoli su tutte quelle che sono le offerte della settimana e rimandandoli ad un articolo di blog che ha scritto di suo pugno e che certamente li aiuterà a rendere il loro pc super veloce.

Avendo in tasca potenzialmente circa 8.000€ decide di prenderne il 20% (1600€) e continuare ad investire sulla sponsorizzata (che gli ha portato 200 contatti per 200€), potendo prevedere che 1600€ porteranno altri 1600 contatti, pronti a spendere 50€ e a generare 80.000€.

Riesci a comprendere la potenzialità?

È così che si scala un business.

LE FASI DEL MARKETING

Tutti quando si parla di Marketing cominciano con lo spiegare queste famigerate fasi che poi si fatica a visualizzare nella realtà e quando un concetto non lo visualizzi, non l'hai compreso a fondo.

Ecco perché ho voluto raccontarti la storia del signor Red, in modo che tu riesca a comprendere meglio l'applicazione pratica di ogni concetto che ti spiegherò.

Come ti ho già detto il Marketing è un vero e proprio ecosistema e non puoi apprenderlo fino in fondo studiando una sola delle sue componenti.

Se il signor Red avesse compreso in che modo generare clienti, ma non in che modo entrare in contatto con loro e portarli alla spesa, sarebbe stato tutto inutile!

Ad ogni modo, queste sono le 3 fasi del Marketing

1. LEAD GENERATION
2. LEAD NURTURING
3. LEAD CONVERSION

Queste sono le 3 principali, ma potremmo aggiungere anche le fasi di

4. UP SELL
5. CROSS SELL

Giusto per facilitarti la comprensione, la parola LEAD sta per "contatto". Analizziamole tutte.

Lead Generation

Questa è la fase dedicata alla generazione contatti, esattamente quello che ha fatto il signor Red.

È una fase fondamentale, senza la quale sarebbe impossibile proseguire.

Come generiamo contatti?

Nella pratica ci sono diversi modi di agire, ma c'è una cosa da tenere bene a mente e da non scordare mai: se vuoi qualcosa, devi offrire qualcosa.

Se vuoi l'email e i dati dei tuoi potenziali clienti devi dar loro un buon motivo per offrirteli.

Per far funzionare tutto hai bisogno di quello che si chiama **Lead Magnet.**

Il lead magnet è un contenuto gratuito o un incentivo che attira l'attenzione del pubblico e lo convince, insieme ad altri elementi persuasivi, a lasciare l'email o comunque un riferimento necessario per essere ricontattato.

Regala un buono sconto, un ebook informativo che possa aiutarli con il problema che stanno cercando di risolvere, un breve videocorso gratuito, insomma qualsiasi cosa che possa essere un bell'amo per il tuo potenziale cliente.

Strategia di Lead Generation

STEP 1:

In questa fase già conosci quali sono i problemi dei tuoi potenziali clienti o i loro desideri, prepara quindi la tua merce di scambio e assicurati di non essere taccagno perché il valore di ciò che offri farà davvero la differenza. Devi aiutarli a tutti i costi!

STEP 2:

Una volta pronta la merce di scambio cerca una piattaforma che possa aiutarti a registrare i tuoi Lead (io ti consiglio Sendinblue che già nel piano gratuito offre ottimi strumenti) e comprendine il funzionamento.

STEP 3:

Realizza un video di te stesso (o di colui/colei che rappresenta la tua immagine), in cui spieghi bene il valore che stai offrendo al tuo potenziale cliente.

STEP 4:

Prepara una optin page, puoi farlo anche con WordPress, ClickFunnel e tanti altri servizi.

Deve essere una pagina semplice, senza troppe immagini e senza troppo testo, deve soltanto dare la possibilità ai tuoi clienti di inserire i loro dati.

Assicurati che i dati che andrai a raccogliere vadano a salvarsi in una lista ad hoc, in modo che potrai monitorare tutti coloro che verranno aggiunti.

STEP 5:

Crea una mail di benvenuto da inviare automaticamente a tutti coloro che entreranno a fare parte della tua lista, questa ti servirà per mandare loro il materiale che hai promesso.

STEP 6:

Fai partire la sponsorizzata, puntala alle persone che più rappresentano il tuo target, e fai in modo che clicchino sul pulsante che le riporta alla tua Optin Page. (Ti consiglio di invitarli a cliccare anche nel video. Indicare chiaramente cosa fare è un mezzo potentissimo che porterà gli ascoltatori o i lettori a compiere quell'azione concretamente).

STEP 7:

Monitora la sponsorizzata per aggiustare il tiro. Se ti accorgi che gli uomini reagiscono molto meglio, allora punta tutto sugli uomini.

Se però gli uomini non si convertono lasciando i dati, ma le donne sì, allora punta tutto sulle donne.

Valuta la fascia d'età che funziona di più e punta tutto su di loro.

Tutti questi esperimenti ti forniranno preziosi indicatori che ti permetteranno di delineare il tuo target con precisione chirurgica.

Ricorda che ogni volta che la tua sponsorizzata viene mostrata ad una persona che non ha il minimo interesse in te o nel tuo prodotto o servizio, starai sprecando budget prezioso.

Questa è una strategia di acquisizione clienti molto funzionale e stra-testata, non può non funzionare!

E se non funziona?

Vuole dire che uno degli step non è fatto bene.

Forse il valore che stai offrendo non è quello giusto, forse nel video che hai girato il tuo sguardo non è convincente o forse la optin page che hai costruito distrae il cliente e non lo porta a compiere l'azione desiderata o forse il testo che hai scritto non è abbastanza persuasivo.

Il problema si insinua in tutto quello che interagisce con il potenziale cliente: testo, video, optin page.

ATTENZIONE: questa strategia è spiegata a grandi linee, soltanto proseguendo la lettura fino al capitolo che riguarda le Facebook ADS potrai comprendere a fondo in che modo realizzare una sponsorizzata che funziona veramente.

Attuata questa fase, subito dopo segue quella di Lead Nurturing, continua a leggere e capirai di cosa si tratta.

Se hai creato la tua strategia di Lead Generation ma le cose non sembrano funzionare, contattami per una consulenza e troveremo insieme la soluzione al problema.

Sul sito www.selfrevolution.it c'è una sezione dedicata alle consulenze con diversi pacchetti a disposizione.

Scegli quello che preferisci!

Se non saprò aiutarti ti rimborserò tutti i soldi.

Lead Nurturing

Lo scopo del Lead Nurturing è quello di dialogare con il potenziale cliente, per offrirgli valore e continuare a comunicare la tua idea differenziante rispetto alla concorrenza fino a quando non sceglierà di acquistare i tuoi prodotti o i tuoi servizi.

Per questo motivo il Lead Nurturing è parte integrante di una strategia di marketing di successo, rappresenta il processo di costruzione di relazioni con i potenziali clienti su più canali comunicativi.

Innanzitutto ricorda che in questa fase (come in tutte le altre) il tuo obiettivo sarà sempre la vendita del tuo prodotto o servizio.

Questo è il momento di analizzare con cura i tuoi contatti per conoscerne a fondo i bisogni e per offrire loro sempre una soluzione.

Dovrai trasmettere credibilità e farti considerare come un vero esperto, una persona su cui poter fare affidamento.

Condividi informazioni utili per aumentare la reputazione tua e quella dell'azienda.

Cerca di segmentare i tuoi contatti, creando delle liste.

Per esempio, il signor Red quando ha fatto partire la sponsorizzata ha creato una lista che ha chiamato "Lead Buono Sconto", così saprà con certezza che tutte le persone che sono all'interno di quella lista sono interessate a ricevere codici sconto e potenzialmente a usarli.

Ogni volta che invii una mail, al suo interno devi sempre inserire un link che porta a una tua pagina di vendita. Sempre e comunque.

Monitora tutti i "cliccatori", sono certamente interessati a ciò che offri, anche se ancora non hanno acquistato.

È vero che il tuo obiettivo finale è la vendita, ma questa cosa non deve mai trasparire quando invii una mail, le parole chiave del Lead Nurturing sono costanza e rilevanza.

Attraverso messaggi costanti aumenterai la conoscenza e la reputazione del brand.

Attraverso la segmentazione riuscirai a ottenere liste di clienti qualificati e interessati alle tue attività.

Saprai riconoscere chi crede in te e riuscirai a trasformare i tuoi potenziali clienti in clienti paganti e col tempo, in veri sostenitori della tua azienda.

La strategia di Lead Nurturing non darà risultati immediati, è un processo a medio e lungo termine, ma questo non deve scoraggiarti, col tempo ti porterà frutti che non avresti potuto ottenere con nessun altro metodo!

Lead Conversion

Molti sostengono che con un buon nutrimento ed un'ottima educazione del cliente la conversione vien da sé ed io sono decisamente d'accordo con quest'idea.

Quando il tuo cliente ha percepito il tuo valore e ha capito che tu sei in grado di risolvere il suo problema, non farà troppe storie prima di darti i suoi soldi.

Ci sono diverse strategie per facilitare la conversione del Lead, non puoi pensare di mandargli una mail qualsiasi senza un Call To Action (CTA) e sperare poi che lui vada da qualche parte a comprare quello che vuoi.

Tutto questo processo deve fondarsi su un obiettivo da raggiungere.

Supponiamo che tu voglia vendere un libro sul marketing: durante il tuo processo di nutrimento, invierai ai tuoi potenziali clienti tante informazioni inerenti a quest'argomento.

In ogni mail ci sarà sempre un link che porta alla pagina d'acquisto del tuo prodotto.

Il tuo obiettivo è generare traffico!

Più persone in target passeranno su quella pagina, maggiori saranno le possibilità di conversione!

Quando scrivi una mail non trascurare il font e i colori.

Font ricercati non vanno bene!

Il font deve essere leggibile e ben formattato, applica il grassetto a quelle parole o a quei periodi che vuoi enfatizzare in modo da attirare l'attenzione.

È stato studiato che un font più grande aiuta la conversione, ricorda: il font non deve essere bello, deve convertire!

Questa cosa vale sia per le email, sia per le landing page, sia per le descrizioni di un prodotto, vale sempre!

Sii esplicito nel chiamare all'azione, utilizza una frase mirata che inviti in maniera chiara il visitatore a compiere un'azione "Acquista subito", "iscriviti ora", "richiedi maggiori informazioni".

Ottimizza tutte le tue landing page e tutto il tuo sito per i dispositivi mobili.

Oggi il 90% del traffico viene da lì e avere un sito non responsive abbassa drasticamente la percentuale di conversione.

Metti in evidenza le opinioni dei tuoi clienti.

I feedback degli altri acquirenti sono fondamentali! I tuoi nuovi potenziali clienti hanno un livello di fiducia nei tuoi confronti che sale esponenzialmente ogni volta che ascoltano, leggono o vedono il video di un tuo cliente soddisfatto. Solo in questo modo non avranno più dubbi.

Up Sell E Cross Sell

Scommetto che almeno una volta nella vita sei andato da Mc Donald, hai provato a comprare un panino, una bibita e ti è stato proposto un Menù. (Up-sell)

O magari volevi acquistare un panino e ti hanno chiesto "Vuole anche le patatine?" (Cross-Sell)

In entrambi i momenti ti sei trovato di fronte a tecniche di Up-Sell e Cross-Sell senza nemmeno rendertene conto.

Entrambe le tecniche hanno lo scopo di alzare il valore dello scontrino medio prodotto e quindi lavorare sul valore di ogni singolo cliente. Quello che in gergo si chiama "Average Customer Value" che andrà quindi ad incidere sul LTV (Life Time Value), ossia quanto vale un cliente durante tutta la vita.

In altre parole possiamo definire così le due tecniche:

Up Sell: quando si riesce a vendere ad un cliente una versione più costosa di un prodotto esaltandone i benefici rispetto ad una versione meno costosa. Di solito si mostra il modello meno costoso e poi si tenta di vendere quello più costoso.

Cross Sell: quando si vendono dei prodotti accessori insieme ad altri che sono in qualche modo collegati.

C'è anche un'altra tecnica che è quella di **Down Sell**. In pratica questa tecnica ha il solo scopo di vendere un prodotto facendo credere al cliente di trovarsi di fronte ad un risparmio.

Esempio: Un cliente entra nel negozio del signor Red per acquistare un pc. Il signor Red gliene mostra due e dice: *questi due computer hanno pari potenza, ma questo costa molto di meno*!

Le persone sono attirate come da una calamita di fronte a offerte di questo genere, semplicemente perché hanno la percezione di risparmiare e fare un affare.

Ma perché queste tecniche sono così efficienti? Come fanno a funzionare? Funzionano perché sono sempre proposte ad un cliente che ha già preso la decisione più importante: comprare! Ricorda che il tuo miglior cliente è quello che ha già acquistato da te.

Questa è psicologia della vendita.

Pensa che alcune ricerche dimostrano che il 65% dei clienti accettano l'up selling quando stanno acquistando un altro prodotto. Tu quante volte hai accettato? Io tante!

Queste due tecniche si possono applicare a qualsiasi tipo di attività, su strada o digitale. Prova sempre a vendere un accessorio accanto all'acquisto principale o proponi un'alternativa più costosa a quella scelta dal cliente che possa chiaramente offrire un beneficio ancora maggiore!

Pensa a quanti milioni di dollari ha fatto Mc Donald con le patatine o la Apple con l'Apple Care!

Ti racconto una storia per farti capire come si applica questa strategia al digitale.

Tempo fa ho acquistato un libro sul Copywriting, mentre stavo per completare l'ordine e avevo già inserito tutti i dati della mia carta, PRIMA della pagina di conferma, vengo catapultato su un'altra landing page che mi diceva:

ALT! Non fermarti! Ti piacerebbe implementare al massimo e più velocemente tutto ciò che apprenderai leggendo questo libro?

Agisci subito per portarti a casa "Questo prodotto" che ti costerà 97€ invece di 497€.

In fondo alla pagina c'erano due bottoni, uno per acquistare e uno per completare l'acquisto.

Quello per acquistare diceva:

OK! Dammi il corso a soli 97€ invece che 497€

Quello per uscire diceva:

No, non me ne frega nulla di fare fiumi di soldi con le email.

Riesci a comprendere la forza di questa pagina? Se non hai soldi per comprare vieni spinto a cliccare su un pulsante che ti fa dire: non me ne frega niente di fare fiumi di soldi.

Questo è Upsell unito ad un copy persuasivo di altissimo livello.

IL FUNNEL DI VENDITA

Un Funnel descrive il percorso che trasforma un potenziale cliente che visita il tuo sito in un cliente pagante. Questo percorso funziona per tutti i mercati, ma è diverso da settore a settore, devi quindi riuscire a capire qual è quello migliore per il tuo business.

I funnel sono differenti se applicati al B2C (business to customer) e al B2B (business to business).

Un funnel funziona così:

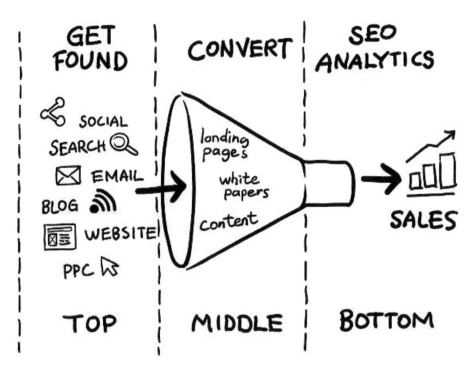

I visitatori, grazie alla pubblicità (Facebook ads, Google ads, YouTube) entrano con un filtro molto basso (non troppo restrittivo) e atterrano sulla tua landing page o squeeze page (letteralmente una squeeze page è una pagina che "spreme" il potenziale cliente fino a quando non ti lascia i suoi dati di contatto).

In questo momento non ti trovi nella condizione di poter vendere perché il Lead è ancora freddo, quindi offrirai il classico Lead Magnet (ebook, codice sconto ecc.).

Se il cliente riterrà interessante il tuo Lead Magnet allora si iscriverà alla tua lista, diversamente abbandonerà il sito.

Questa può sembrare una cosa spiacevole, in realtà è selezione naturale! Se non apprezza, non sarà interessato e non sarà mai un cliente effettivo (a patto che il tuo LM offra veramente valore e sia proposto nel modo giusto).

Tu risparmierai soldi quando farai pubblicità ed eviterai di puntare a persone come quella.

Dopo che il Lead è stato acquisito si trasforma in prospect.

Il prospect è un potenziale cliente che ha manifestato un interesse specifico per un tuo prodotto o servizio, rappresentando dunque un anello successivo al Lead nella catena del marketing & sales funnel.

Da questo punto in poi meglio li nutrirai nella fase di Lead nurturing e meglio li convertirai.

L'intero circuito viene chiamato TOFU-MOFU-BOFU (Io so che adesso comincerai a ripeterlo tipo uno scioglilingua TOFU-MOFU-BOFU-TOFU-MOFU-BOFU) che sono le sigle per

TOFU: Top Funnel

MOFU: Middle Funnel

BOFU: Bottom Funnel

Esistono svariate piattaforme che possono aiutarti nella creazione di un funnel di vendita e quella che preferisco è senza dubbio clickfunnel. Se hai particolare dimestichezza puoi pensare di realizzarlo con WordPress e una piattaforma di mailing, riducendo sensibilmente i costi, soprattutto all'inizio.

Quello che fa clickfunnel è darti la possibilità di impostare il funnel con tutte le pagine web che ti servono: la squeeze page, la sales page (che userai proprio per vendere il prodotto), la thank you page (che monitorerai per tracciare tutti gli acquisti effettuati), la pagina di upsell e anche tutte le email automatiche del caso.

Usare una piattaforma del genere ti fa risparmiare un'infinità di tempo ed ecco perché al momento il prezzo è di 97$ al mese.

Con wordpress acquistando un dominio e un host + un page builder fatto bene come Brizy o Elementor, potrai ottenere lo stesso risultato spendendo al massimo 200€ (all'anno) + Svariate Ore di lavoro.

Il tripwire

Ogni Lead è un costo finché non decide di aprire il portafogli. Acquisirlo costa pubblicità e nutrirlo costa tempo.

Il tripwire è un prodotto o servizio a basso costo che permette di pareggiare i costi di acquisizione del Lead e portarti al punto di break even.

Facciamo due calcoli:

Mettiamo che tu sia un consulente e stessi cercando di vendere il tuo servizio per 100€.

La tua pubblicità su Facebook, che porterà alla tua landing page, ti costerà 1€ a visitatore.

La tua landing page riesce a convertire il 10% dei visitatori, questo vuol dire che per 100 visitatori spenderai 100€, ma di questi 100 soltanto 10 saranno convertiti.

Questo vuol dire che il Lead ti costa 10€.

Vendendo ad ognuno di questi Lead il tuo tripwire a 12.97€ riuscirai non solo a pareggiare il costo di acquisizione Lead, ma anche a tirarci fuori un minimo di profitto.

Ricorda che costa molto di più acquisire un cliente che convertirne uno già tuo.

Secondo il principio di Pareto il 20% dei potenziali clienti ti porterà l'80% del profitto.

Questo vale per tutto.

Se hai una pizzeria, il 20% delle pizze che farai ti porterà l'80% del profitto.

Lo scopo del tripwire non è solo quello di pareggiare i costi di acquisizione del cliente, ma anche di mettere il cliente di fronte ad un'offerta che non potrà rifiutare e convincerlo ad aprire il portafogli.

Da questo punto in poi non hai più di fronte un potenziale cliente inconsapevole, ma un cliente consapevole che se sarà soddisfatto della tua offerta, tornerà volentieri a spendere da te.

Ricordi chi è il tuo miglior cliente? Esatto, chi ha già aperto il portafogli.

E se al momento della vendita del tripwire proponessi anche un upsell? Avresti di fronte un cliente, pareggiato i costi e fatto ulteriore profitto.

Funnel Misurabile (ROI)

L'efficacia di un funnel è tale se ti consente di calcolare il ROI ossia il Return of Investment (ritorno dell'investimento). Se il tuo funnel è misurabile sarà anche più facile da migliorare e questo permetterà di abbassare la spesa di acquisizione di ogni Lead.

Esempio:

Hai costruito un funnel per vendere il tuo libro.

Hai cominciato con le Google ads impostando una campagna PPC (ossia Pay per click).

Ogni click ti è costato 50c e ha generato 1000 visite alla tua landing page.

Se il 5% di questi visitatori si trasformasse in prospect, avremo 50 potenziali clienti.

Se di questi 50 potenziali clienti, il 10% si convertisse all'acquisto, avremo 5 vendite.

Quindi se la mia campagna è costata 500€ e il mio libro ne costa 10, sono in perdita di 450€.

È ovvio che se il costo per click fosse inferiore o il prodotto che stai cercando di vendere avesse un costo maggiore, riusciresti a pareggiare o andare in profitto.

Thank You Page

La pagina di ringraziamento è essenziale per 2 motivi.

Quando un utente acquista un prodotto è nel momento di massima eccitazione, il momento WOW! È proprio allora che dovrai proporgli la tua offerta in Up Sell o Cross Sell.
La TY page, che alla fine dovrà essere strutturata esattamente come una Landing Page, sarà monitorata con il Pixel di Facebook e questo ti permetterà di tenere traccia delle conversioni.
Semplicemente tutti quelli che hanno visualizzato questa pagina, sono persone che hanno acquistato.
Più avanti, nella sezione dedicata alle Facebook ADS ti spiegherò meglio tutto.

LANDING PAGE

Una landing page deve essere strutturata in maniera differente dal resto del sito.

La tua Home Page per esempio deve:

- Trasmettere la brand identity
- Intercettare tutti i bisogni del visitatore
- Promuovere i servizi e i prodotti offerti
- Mostrare i contenuti

La landing page invece deve:

- Intercettare UN SOLO bisogno del navigatore
- Ridurre a zero il bounce rate (ossia il rimbalzo su un'altra pagina)
- Creare fiducia, desiderio e urgenza.

Come strutturare la tua landing page

La tua landing page deve essere estremamente semplice e non deve assolutamente distrarre il lettore.

Non deve contenere nulla che non sia utile al tuo scopo.

Deve presentare un USP (unique selling proposition) che sia accattivante e composta dal:

TITOLO che deve essere chiaro, invitante e esplicativo, coerente con ciò che hai mostrato nell'annuncio pubblicitario.

SOTTOTITOLO: Deve definire il beneficio principale per il visitatore della pagina.

Se da una parte il testo è di fondamentale importanza (soprattutto se scritto con un'ottima tecnica di copy) perché ti permetterà di essere indicizzato anche nei motori di ricerca, non devono mancare immagini accattivanti visto che il cervello elabora le immagini molto più velocemente delle parole.

La call to action: deve essere ripetuta più e più volte e sarà in pratica l'unico pulsante che il visitatore potrà cliccare.

Potrei suggerirti questa struttura:

INFORMAZIONE – BENEFICIO

CALL TO ACTION

INFORMAZIONE – BENEFICIO

CALL TO ACTION

I NOSTRI CLIENTI SODDISFATTI DICONO DI NOI

CALL TO ACTION

evita il generico "clicca qui", ma preferisci i pulsanti "Acquista ORA"

Mostra i loghi dei tuoi clienti: per accrescere il Trust dei tuoi visitatori e posizionarti nella loro mente come un super esperto.

I font: sono importanti, ricorda che un font più grande converte di più.

I colori: devono essere accesi e la formattazione del testo deve evidenziare i punti chiave.

Ricorda che l'occhio cade sul grassetto.

Parla con i numeri: Mostra le ore maturate nel tuo settore, il numero di clienti che hai aiutato, il tempo che potrai far risparmiare con il tuo servizio.

Usa le Tabelle Prezzi: ricorda che le persone psicologicamente sono sempre portate ad acquistare il servizio che costa di più.

Inserisci 3 tabelle con 3 pacchetti differenti, tipo GOLD, PLATINUM e DIAMOND e suggerisci al visitatore che il pacchetto DIAMOND è quello più acquistato.

Inserisci una tabella comparativa: per rendere note le differenze con i tuoi competitor.

Esempio: Con il tuo pacchetto Diamond offri un servizio che i tuoi competitor non offrono.

Usa lo stesso tipo di tabella per paragonare tra di loro i pacchetti che offri.

Esempio: Con il pacchetto gold avrai accesso ai servizi 1, 2 e 3 mentre con il _platinum_, 1,2,3 e 4 e con il diamond avrai accesso a tutti i servizi.

Qualcuno dice che nel suo settore non è giusto inserire i prezzi. Questo non è per niente vero. Per essere più chiari, questa convinzione è figlia di un paradigma sbagliato che le persone hanno in relazione al denaro. Molti considerano il denaro "sporco" e quindi risulta difficile per loro accostare il prezzo ad un prodotto fine e raffinato come potrebbe essere un abito da sposa.

Se le stesse persone avessero installato nel loro subconscio il paradigma che dice "i soldi sono un mezzo perfetto per aiutare gli altri", probabilmente farebbero scelte diverse, ma questo è tutt'altro discorso anche se legato in qualche modo alla psicologia del compratore e quindi di interesse per chi vende.

Calma l'ansia: Il tuo visitatore penserà sempre che ottenere risultati richieda uno sforzo enorme.

Calmalo rassicurando sui tempi e sugli sforzi necessari da fare una volta acquistato il tuo prodotto, così da rispondere in anticipo ad eventuali obiezioni.

Contatti: il numero di telefono o i tuoi contatti in generale devono essere sempre ben visibili.

Privacy Policy: quando chiedi i contatti personali dei tuoi visitatori, è sempre bene inserire una privacy policy per rassicurare il tuo potenziale cliente sull'uso che farai dei dati che ti fornirà.

Cosa non fare

Non inserire per alcun motivo collegamenti esterni ad altre pagine del sito.

Voglio farti comprendere bene questo concetto.

Pensa a IKEA, funziona proprio come una landing page.

Ha inserito sul pavimento un percorso ben definito che ti guida passo passo nel fare l'esperienza che loro hanno deciso per te, allo stesso modo di una landing page

Gli sviluppatori parlano spesso di user experience come se il visitatore dovesse scegliere l'esperienza da fare sul sito web.

In realtà il visitatore non deve scegliere proprio niente anzi, deve fare esattamente ciò che abbiamo scelto per lui (sia chiaro che mi riferisco a quei siti che hanno l'unico scopo di vendere prodotti e servizi e non siti puramente informativi o simili).

Pensa se IKEA a metà del suo percorso mettesse una porta d'uscita con su scritto "Esci pure".

Tu che faresti?

Metteresti oggetti nel carrello nella prima metà del percorso ed usciresti dalla porta di servizio senza nemmeno pagare.

Questo è quello che succederebbe se mettessi un link che punta all'esterno della tua landing page.

Tu hai speso dei soldi per acquisire quel Lead e lui ti abbandona a metà percorso perché tu hai messo una porta nel posto sbagliato. Avrai perso così un prospect.

Non inserire nemmeno i link alle pagine social, per lo stesso identico motivo.

Non inserire i menù di navigazione.

Stampati questa cosa nella mente: il tuo cliente deve cliccare solo dove vuoi tu, non offrire lui alcun tipo di alternativa.

Una landing/sales page d'esempio

ATTENZIONE: prima di procedere con la lettura della landing page che ho scritto per te, è importante specificare alcuni punti.

Siamo in questa situazione ipotetica: Dopo un'analisi di mercato ho scoperto che c'è una nicchia di persone alla ricerca di prodotti per far rafforzare i capelli ed evitarne la caduta.

I competitor vendono solo prodotti creati in laboratorio e io ho deciso di fornire un'alternativa al 100% naturale per risolvere il loro problema.

Il mio cliente è quindi una persone dai 30 ai 60 anni, uomo e pienamente consapevole del suo problema.

Lui sa che i suoi capelli son deboli e presto resterà calvo e sta cercando una soluzione veloce al problema che possa quantomeno ritardare l'evento.

Ho deciso di usare le Google ADS per puntare a questo tipo di cliente che spesso e volentieri cercherà la soluzione al suo problema proprio su Google.

Nota: lo stile di una landing page è molto personale e spesso è legato al brand d'appartenenza.

Ci sono però delle pagine che puntano al mero profitto e usano anche gli espedienti meno "onesti" per giungere al risultato.

Parlo delle sponsorizzate click bait che usano immagini, video e testi che hanno l'unico scopo di attrarre il click.

È ovvio che un brand di successo non userebbe un trucchetto simile.

Sto parlando di quelle inserzioni tipo: *"Il segreto di Silvio Berlusconi per far ricrescere i capelli"* + *"Foto di Berlusconi a 80 anni con una superchioma"* oppure *"Video del sosia di Berlusconi che però sembra veramente lui, che usa questa crema miracolosa e in una settimana, sbam, Riccardo Cocciante"*

È ovvio che ad un occhio fine (ma nemmeno più di tanto) questa cosa sa molto di supercazzola, ma ti garantisco e firmo con sangue che questa cosa funziona, e anche maledettamente bene.

È su questo tipo di strategie che fondano il loro successo tutti i portali che trattano Fake News.

Ma torniamo alla landing page, ecco come farei:

TITOLO

COME FERMARE LA CADUTA DEI CAPELLI

Sottotitolo

*Capelli Plus interrompe la caduta
dei capelli **SUBITO** e riattiva la ricrescita.
Arginina e Fieno Greco: due ingredienti naturali per
una ricrescita garantita, anche per i casi più disperati.*

NOTA: che cosa pensa una persona nel nostro target quando si parla di capelli che cadono? Pensa come un pesce! Non provare a trovare la soluzione che preferisci, mettiti proprio nei panni del tuo potenziale cliente.

È molto probabile che questa persona avrà letto da qualche parte qualcosa a proposito dei trapianti di capelli per risolvere il problema.

Tu allora che fai? Smonti subito il suo dubbio dicendo:

CAPELLI PLUS È TESTATO SCIENTIFICAMENTE

Non c'è bisogno di costosi trapianti di capelli se vuoi tornare ad avere una chioma folta e vuoi dimenticare le aree diradate. No, non è necessario spendere migliaia di euro.

Grazie ai principi attivi presenti nella lozione, Capelli Plus aiuta a stimolare i bulbi spenti ed a rinfoltire la capigliatura.

- Efficacia garantita da 30 studi scientifici indipendenti
- Più di 7mila clienti soddisfatti
- Ricrescita veloce già dalle prime settimane
- Aiuta a riattivare anche i follicoli ormai spenti

Nota bene: è importante fare attenzione a ciò che scrivi. "Aiuta a riattivare i follicoli ormai spenti" è molto Borderline, la cosa certa è che fa presa sulla persona che ha il problema.

Dopo aver inserito questa parte, concentrati su tutti i potenziali vantaggi e sulla semplicità d'uso del tuo prodotto.

Afferma che il prodotto è il preferito da centinaia di Tricologi, spiega in che modo usare il tuo prodotto e proponi un'offerta vantaggiosa (almeno all'apparenza) qualcosa come:

Gia 7.443 clienti hanno acquistato questo prodotto

(essere specifici fa scattare la percezione di veridicità)

Ultimi pezzi disponibili

"Offerta 2x1 fino a "Scadenza di 24 ore"

Non dimenticare mai e per alcun motivo lo spazio della "social proof" ossia della riprova sociale. Sto parlando delle recensioni.

Le persone acquistano il prodotto che proponi senza troppi problemi quando vedono che ci sono state anche altre persone con lo stesso problema e che queste l'hanno risolto con il tuo prodotto.

Le recensioni devono essere vere, ma capisco che in una fase iniziale diventa complicato. Scrivile da solo!

Questa cosa può sembrare amorale o falsa, ma non lo è, o almeno non dovrebbe esserlo.

Dico che, se nelle recensioni fai promesse assurde o menti riguardo la bontà di ciò che offri, è chiaro che quella recensione sarà amorale, se invece la usi per spingere all'acquisto di un prodotto, dichiarando il vero, non stai facendo altro che aiutare il tuo cliente a risolvere con successo il suo problema (e le tue tasche ovviamente).

Le recensioni dovranno essere lasciate da persone in target. Se mi vendi un rasoio da barba, la recensione della Signora Maria di 80 anni servirà a ben poco.

Nel nostro caso:

"I miei capelli hanno ricominciato a ricrescere ed oggi non devo più perdere tempo a coprire le zone diradate davanti allo specchio".

Mario - 39 anni

Sembra vero! O no?
Ovviamente ricorda le 2 regole d'oro:
1 – Nessuna via d'uscita tramite link vari
2 – Invito all'acquisto

Alcune aziende all'interno della pagina inseriscono il form da compilare con i dati del cliente e offrono la possibilità di farlo pagare direttamente in fondo alla pagina stessa.

Quando i tuoi clienti compreranno il tuo prodotto, invitali a ricevere una newsletter. Il loro contatto (in quanto già clienti) è prezioso e ti permetterà di attuare precise strategie di vendita che ti permetteranno di alzare l'average customer value, ossia il quanto spende mediamente ogni tuo cliente.

Per attuare queste strategie devi però conoscere come funziona...

L'EMAIL MARKETING

Qualche tempo fa ho scritto sul blog di selfevolution.it un articolo che si intitolava "**come sposare la donna dei tuoi sogni con l'email marketing**". Voglio riproportelo allo stesso modo perché credo che non esista un modo migliore per comprenderne i principi basilari prima di vedere qualche esempio pratico!

L'email marketing è come un processo di corteggiamento. Immagina di aver visto una ragazza bellissima, proprio come piace a te, proprio quella che sognavi da sempre. Non appena la vedi già senti che il tuo obiettivo è sposarla. (Obiettivo finale del tuo business, es: vendere un prodotto che costa 1.997€)

L'indomani allora cerchi il suo indirizzo di casa, vai direttamente da lei, bussi al campanello, lei apre e tu le fai la tua proposta di matrimonio. Lei non solo urla disperata, ma chiama anche i carabinieri e ti arrestano. Fine.

Adesso prova ad immaginare questa situazione. Invece di andare da lei, le mandi una mail in cui ti presenti e dici più o meno così:

Ciao "signorina", da quando ieri ti ho vista i miei pensieri volgono sempre a te.

Ti ho scritto perché vorrei farti ascoltare una canzone che ho composto solo per te, si chiama "signorina".

In allegato alla mail c'è la tua meravigliosa canzone.

Lei potrà fare solo e soltanto una cosa e quasi non avrà scelta. Ascolterà la canzone.

Da questa canzone si percepisce tutto il tuo valore. Non sei una persona scontata, hai qualcosa da dire, e a tratti sei anche simpatico! Tutto sommato non sei male! (in questa fase nel business stai riscaldando il Lead)

Il secondo giorno le mandi un'altra mail e le chiedi se ha ascoltato la canzone che hai scritto per lei e se le è piaciuta. Se risponde positivamente (il tuo Lead è caldo) allora corri da lei con dei fiori e non potrà rifiutarti!

ATTENZIONE: nonostante ciò non puoi ancora correre da lei e chiederle di sposarti (acquistare il tuo prodotto più caro) perché non è ancora pronta per una scelta così importante, ha bisogno di capire ancora meglio il tuo valore, magari puoi proporle di uscire a cena (le stai offrendo il tuo prodotto di front end).

Portandola a cena fuori continuerai ad offrire valore e andrai avanti fin quando lei non si sarà convinta a sposarti (Lead conversion).

Vedi, l'email marketing funziona in maniera uguale.

La cosa che non bisogna dimenticare è che il tuo business deve fondarsi su una scala di valori e tu non puoi pensare di vendere un prodotto high ticket da 1.997€ a freddo. Dovrai sempre riscaldare il tuo Lead educandolo e accompagnandolo lungo la scala dei valori (value ladder).

All'atto pratico significa che se hai un prodotto da 1.997€, al primo contatto tu proporrai l'acquisto di un prodotto da 9,97€.

Non appena il Lead effettua l'acquisto, gli mostrerai che esiste un servizio o prodotto ancora più completo che lo aiuterà a risolvere un problema complementare a quello che ha adesso e potrà acquistarlo per 497€.

La Value Ladder è fondamentale per scalare il tuo business e sarà un'ottima arma anche per i tuoi venditori che avranno delle alternative da proporre ai tuoi prodotti di punta (back end).

Quindi ricorda sempre: "più valore" (percepito) si trasforma in prezzi più alti.

Adesso però andiamo a vedere in pratica come dovrai muoverti per diventare un vero professionista dell'email marketing.

La potenza dell'email marketing

Scrivendo una sola mail e impiegando dai 10 ai 30 minuti al giorno, hai la possibilità di raggiungere tutta la tua lista contatti.

In pratica c'è la possibilità di convertire l'1% dei tuoi contatti ogni giorno, quindi se hai 100 contatti scrivendo una sola email al giorno hai la possibilità di fare 1 vendita ogni giorno.

Pensa al profitto quando aumenteranno i contatti e quando diventerai veramente bravo nella scrittura di una mail e la tua percentuale di conversione aumenterà!

Scrivere bene non significa granché, c'è chi è bravo a scrivere romanzi, chi articoli per blog dedicati alla moda, chi al food e poi c'è chi è bravo a scrivere lettere di vendita (sales letters).

Come ogni cosa, per scrivere una buona mail che sia in grado di convertire il tuo potenziale cliente, hai bisogno di fare pratica!

Io ti consiglio vivamente di prenderti 20 minuti al giorno per allenarti a scrivere una mail che rispetti tutto ciò che sto per spiegarti.

Ti meraviglierai dei risultati che otterrai sul lungo periodo!

Come si scrive una mail?

Una buona mail di vendita per essere eccezionale, non deve sembrare una mail di vendita!

Tieni bene a mente i prossimi punti perché saranno elementi chiave nella scrittura e non dovrai mai dimenticarli! Questi sono dei veri e propri segreti che solo chi ha approfondito il copywriting conosce.

1. **Scrivi come parli.** Questa è un'altra regola d'oro! Una mail è come un momento di intimità tra te e il tuo lettore. Sii te stesso, questo non solo ti renderà più autentico, ma faciliterà enormemente il processo di scrittura. Immagina di fare una chiacchierata al bar con un amico! Ricorda anche che le persone non hanno voglia di sentire i tuoi tecnicismi e i tuoi paroloni difficili! Togli giacca e cravatta alle tue mail e intrattieni i tuoi lettori. Non cercare di essere perfetto, la perfezione non piace a nessuno, mentre

l'imperfezione è ciò che riesce meglio a convertire il tuo lettore che si sentirà molto più vicino a te e alla tua imperfezione.

2. **Intrattieni.** Questa è un'altra regola d'oro applicata dai più grandi copywriters del mondo. Le tue email devono intrattenere come se tu fossi un conduttore della tv. Suddividi la tua email in un 80% di intrattenimento e un 20% di informazione.

3. **Racconta storie.** Le storie hanno un potere fortissimo sul lettore. Con le storie sarai capace di creare immagini nella sua mente e di farlo totalmente immedesimare nella situazione! All'inizio non sarà semplice perché per scrivere una buona storia ci sono delle regole da rispettare! Il mio consiglio è questo: comincia a scrivere storie che ti rappresentano, nel modo che ritieni più opportuno in modo da prenderci la mano, ma contemporaneamente studia come si scrive una storia accattivante!

4. **Non spingere all'acquisto.** Le persone odiano quando qualcuno prova a vendergli qualcosa perché dentro di loro alberga un conflitto inspiegabile. Non vogliono sentire qualcuno che prova a vendere qualcosa eppure amano comprare! Certo che siamo strani! Un buon metodo è trasmettere valore. Prova ad insegnare loro qualcosa senza essere troppo saccente. Di loro che cosa fare, ma non come farlo.

5. **Non fornire troppe informazioni!** Se vendi un corso di formazione per esempio, pesa bene le informazioni che offri. Non devi saziare la loro fame di sapere ma devi far venire loro l'acquolina in bocca! Pensa al trailer di un film. Funziona allo stesso modo! Se tu vedessi il trailer di un film, riuscendo a comprendere perfettamente la trama e le emozioni principali, probabilmente la tua curiosità svanirebbe e non andresti a vedere il film! Devi fare allo stesso modo! Spiega i concetti principali, ma non approfondirli!

Questo chiaramente va bene per quei prodotti che sono "informativi" tipo i videocorsi, ma pensa ad una paninoteca.

Potresti mandare una mail scrivendo per filo e per segno la composizione del panino e la storia di ogni ingrediente che lo compone perché il lettore non sarà mai sazio con le parole e dovrà per forza comprare il panino se vuole assaggiarlo.

6. **Dì le cose come stanno.** Le persone sono strane, questo si è capito e bisogna comprenderle fino in fondo per poter entrare nella loro testa. Loro amano le storie di successo, ma sono molto più attratte dai problemi e dalle complicazioni. Un noto marketer diceva:

"Non accadono cose brutte quando sei un'email marketer, perché è proprio quando succede una cosa brutta che puoi raccontarla con una mail"

Ricorda che il tuo obiettivo principale è vendere e, sarà solo se le persone leggeranno la tua mail (che alla fine contiene un link alla tua pagina di vendita) che potrai sperare che quel pulsantino venga cliccato.

7. **Fai domande e fornisci risposte.** Questo è uno strumento potentissimo. Scrivere con questo metodo attiva di più il lettore, che riesce ad immedesimarsi totalmente nel discorso! Per applicare bene questa tecnica devi sapere quali sono le domande giuste e per farlo devi comprendere a fondo i problemi del tuo lettore!
Bene, se sei a questo punto della strategia di marketing, ora dovresti conoscere bene tutti i loro problemi, ma nel caso tu fossi in difficoltà, usa i sondaggi! Fai al tuo pubblico delle domande che ti aiutino a comprendere a fondo i loro problemi così da poter fornire in una mail la soluzione più adeguata, sempre senza essere saccente.

8. **Tratta argomenti attuali.**
Le persone hanno sempre bisogno di sorpresa, ma anche di rassicurazione. È complicato far breccia nella loro mente sorprendendole ogni volta. Ecco perché questa è una tecnica potente. Per darti uno spunto: vai su Netflix, guarda quali sono le serie del momento, scegline una, per esempio Narcos. Il personaggio principale è Pablo Escobar. Qualsiasi cosa tu faccia puoi pensare di agganciarla a questo personaggio.
Esempio: vendi gioielli? "Che anello indosserebbe Pablo Escobar?" – Hai un bar "come farebbe colazione Pablo Escobar?" – Vendi divani? "Il divano perfetto per la casa di Pablo Escobar" ecc.

Questi sono solo suggerimenti, sbizzarrisciti e fai pratica!

9. Fai polemica. Questa tecnica è abusata in tutti gli show di intrattenimento. La polemica è fortissima perché divide il tuo pubblico in due parti, chi ti segue e chi no. Sappi che quando applicherai questa tecnica ci saranno dei lettori che smetteranno di seguirti e questo è un bene perché ti darà la possibilità di creare una lista di contatti che ti amano e che sono allineati al tuo pensiero! Avere 1000 contatti non serve a granché, bisogna averne 100 ma buoni.

A questo punto credo siano ben chiare le regole che conviene seguire per creare una buona email che riesca a convertire il lettore, anche se so bene che non ti consideri del tutto appagato perché forse non ti senti in grado di scriverne una che funzioni.

Forse è così, ma voglio dirti una cosa:

- FAI PRATICA! Questo è il vero segreto. Avrei potuto chiamare questo libro Online Marketing e scrivere una sola pagina con al centro "Fai Pratica".
  Se tu avessi compreso a fondo queste due parole e avessi cominciato a fare pratica cercando informazioni e agendo, dopo 2 mesi saresti stato ad un livello rispettabilissimo.

Siccome però non mi sono fermato a darti questo consiglio, se pur fondamentale, voglio fornirti degli strumenti che saranno come manna dal cielo per la tua abilità di scrittura.

Nel prossimo capitolo ti parlerò di Copywriting che è un'abilità fondamentale da possedere in campo Marketing, sia online che offline.

Un buon marketer non può prescindere da questa conoscenza! Ti aiuterà non solo a scrivere le email, ma anche una landing page, un post su Facebook, un volantino, insomma qualsiasi cosa!

TECNICHE DI COPYWRITING

Il copywriting è l'arte della scrittura persuasiva in grado di coinvolgere il lettore e portarlo all'acquisto del nostro prodotto o servizio.

Il Copy viene utilizzato per scrivere articoli di blog, campagne pubblicitarie, post sui social network, ma anche articoli di giornale. Insomma ovunque ci sia qualcosa di scritto c'è lo zampino di un copywriter.

Lo scopo del copy è quello di attirare l'attenzione del lettore usando la giusta combinazione di parole ed emozioni.

Persuadere un lettore a compiere un'azione, non è una cosa semplice perché l'abilità del copywriter non deve risiedere solo nella scrittura, bensì nella comprensione della psicologia del suo lettore.

Senza comprendere quali siano i desideri, le paure o le ambizioni del lettore, diventa difficile far breccia nella sua mente.

Quindi chiediti: che cosa vuole davvero il tuo cliente?

Leve psicologiche

J. Sugarman ha introdotto questo concetto di Psychological Triggers, ossia le leve psicologiche che un copywriter di successo deve saper padroneggiare quando scrive i propri testi. Te ne elencherò qualcuna, ma tu non dimenticare mai la prima regola santa: PRATICA!

LEVA #1

PRESENTA IL PROBLEMA: Focalizzati sul problema che potrai risolvere con il tuo servizio o il tuo prodotto, condividi i disagi del tuo lettore e offri la soluzione.

LEVA #2

FALLI PENSARE: È una super tecnica per coinvolgere il lettore. Fagli una domanda, inducilo a ragionare su ciò che hai scritto così smetterà di pensare ad altro e avrai attirato la sua attenzione.

LEVA #3

CREA IMMAGINI: Nella tua scrittura cerca di evocare immagini. Creando un immaginario per il tuo prodotto non solo lo renderai credibile, ma verrà fissato in modo indelebile nella mente del tuo lettore. (Ti ricordi quando ti ho detto di raccontare storie?).

LEVA #4

SCARSITY: è il senso d'urgenza! Es: Poco tempo, pochi pezzi ecc. Suggerisci di agire in fretta per non perdere i vantaggi, sarà un ottimo spunto per spingerlo all'azione. Crea sempre scadenze oppure offerte a tempo. La scarsità crea valore ed accelera il processo di acquisto rendendo il prodotto esclusivo!

Scrittura a piramide

Scegliere lo stile di scrittura non è cosa immediata. Dall'altre parte potrebbe esserci un lettore informato che nel caso noi scrivessimo un copy troppo semplice, potrebbe non sentirsi appagato.

Se invece dall'altra parte abbiamo un cliente poco informato, probabilmente avrà bisogno di molte informazioni. Attirare la sua attenzione non è semplice, occorre essere molto chiari e comunicargli immediatamente i vantaggi che otterrà se continuerà a leggere.

Non è facile scrivere ed essere persuasivi per ogni tipo di lettore, ecco perché molti copywriters di successo suggeriscono una scrittura a piramide ossia sviluppare un percorso di lettura di complessità crescente.

Puoi cominciare con un'introduzione comprensibile a tutti, per poi scendere nel dettaglio e approfondire gli aspetti tecnici, catturando l'attenzione degli esperti.

In questo modo anche chi si ferma prima della fine avrà compreso certi concetti!

Questo concetto vale, ma non in tutti i contesti perché nel marketing bisogna scindere i clienti consapevoli da quelli inconsapevoli e fare in modo di parlare ad un pubblico soltanto. Questo tipo di tecnica potrebbe essere usata nell'home page di un sito o nella scrittura di un libro, un articolo di giornale o di blog.

Le parole proibite

Ogni parola che userai avrà un peso psicologico per il tuo lettore. Un buon copy deve essere saggio nella scelta delle parole giuste. Lo scopo è sempre quello di persuadere il lettore e spingerlo all'acquisto, dunque non spingerlo fuori dalla mail che sta leggendo o dalla landing page dove è atterrato.

Ci sono 5 parole che io considero proibite per via del loro impatto negativo sulla psiche del lettore

1. **COMPRA**: ti ricordi quando ti ho detto che le persone non vogliono che gli si venda niente? Esatto, è così. Non dire mai al tuo lettore "compra". Magari sostituisci questa parola con "**Acquista**" è la tua copy cambierà sapore.
2. **IMPARA**: Le persone non hanno e non vogliono spendere il loro tempo. Usare la parola "Impara" suggerisce a chi legge una necessità di impiegare il proprio tempo per imparare qualcosa. La parola "**scopri**" funziona molto meglio.
3. **COSE**: che cose? Cose, cose? Le tue cose? Le mie cose? Non ti sembra sia poco chiara come parola? Quando parli del tuo prodotto devi essere più chiaro possibile, non usare questa parola!
4. **DIRE**: è troppo generica e banale, usa parole più allusive come "rivelare".
5. **FARE**: contrariamente a ciò che può sembrare, questa parola non invita a fare, sostituiscila con "agire".

Le parole magiche

Così come le parole da non usare, ce ne sono altre che sembrano accendere il fuoco nel lettore che quando le legge si sente rassicurato, intelligente, nel posto giusto e al momento giusto! Eccotene alcune:

- **SEGRETO**: quanto è potente questa parola? Chi di noi non vorrebbe scoprire un segreto? Il segreto per tagliare le verdure; il segreto per andare in bicicletta; non ci importa cos'è, l'importante è che sia un segreto!

- **POTENTE**: Tutti gli aggettivi come questo descrivono un prodotto di qualità o comunque lo fanno percepire come tale dal tuo lettore! Usali senza paura!

- **RISULTATI**: Ecco perché il tuo lettore è lì, vuole proprio questi! Dillo chiaramente che gliene offri e lui sarà contento.

- **TESTATO**: Quando vado su una giostra pericolosa mi sento rassicurato dal fatto che prima di me qualcuno ha testato il giro ed è sopravvissuto. Non mi andrebbe di essere il primo a rischiare! Ecco dove risiede il potere di questa parola.

- **GARANTITO**: le persone non solo vogliono un prodotto potente, che offra ottimi risultati e sia anche testato (ma quanto siamo insicuri?).

Vogliono anche la garanzia! Usa questa parola per diminuire il rischio percepito.

- **ESCLUSIVO**: Fai sentire unico il tuo lettore, fagli credere che non a caso, proprio lui è stato scelto per la tua offerta!

- **NUOVO**: Come dice Barney Stinson "Nuovo è sempre meglio". L'ultimo modello è sempre il migliore, sempre il più ambito. "Nessuno può competere con il nostro nuovo prodotto".

- **TU**: sai perché io ho scritto tutto questo libro dandoti del tu? Perché mi ha permesso di entrare in confidenza con te! Fallo anche tu con i tuoi clienti e la vendita diventerà più facile. Ricorda di essere informale e amichevole.

- **SOLDI**: Io li voglio e tu? Promettimi che mi farai guadagnare dei soldi e io ti seguirò. "Vuoi massimizzare i tuoi profitti? Seguimi!"

- **FACILE**: Non complicare la vita delle persone proponendo loro cose troppo complesse, ti abbandoneranno dopo un attimo. "Il mio nuovo metodo segreto ti farà massimizzare i profitti in modo semplice e veloce".

- **GRATIS**: ed è gratis! Lo voglio, aggiudicato! Questa è la parola che più di tutte fa la differenza! Usala soprattutto quando comincia la tua Lead Generation. Offri qualcosa di valore (che sia anche GRATIS) per invogliare i potenziali clienti a lasciarti i propri dati.

Spunti per migliorare

Quando ho cominciato a studiare questo argomento sembravo un pazzo scatenato. Mi sono iscritto a decine e decine di newsletter, mi sono fatto un indirizzo email ad hoc e mi sono fatto tempestare di informazioni.

Ricevevo decine di mail al giorno dagli esperti di copy che provavano a persuadermi, esperti di vario genere che volevano vendermi i loro videocorsi, e io me le leggevo tutte, dall'inizio alla fine.

Studiavo i vari stili, i vari approcci, la lunghezza della mail, i termini usati. Potrei dire che più che persuadermi, mi hanno offerto un contenuto gratuito da studiare.

C'è il tipo più discorsivo che ti racconta storie su storie su storie, quello che usa 500 parole e non di più per arrivare dritto al punto. Un copywriter di enorme successo ogni giorno mi invia mail che adoro leggere!

Iscriviti anche tu a diverse newsletter e leggile come caso studio

Esercizi

Ciò che scrivi deve essere memorabile, proprio come sono stati memorabili per me le mail che ricevo. La scrittura creativa per molti è un dono, ma io sono sempre convinto che la costanza e l'impegno superano di gran lunga il talento. Ti propongo una serie di esercizi che potrai praticare un paio di volte a settimana (io li faccio tutti i giorni e devo dire che mi sento anche più rilassato).

Scrittura libera

Pensa alla tua giornata e descrivila. Scrivi senza freni solo per te stesso, senza paura di essere giudicato, nessuno leggerà. Man mano che vai avanti arricchisci la scrittura con i dettagli, ricreando situazioni ma anche inventandole di sana pianta!

Scrittura al buio

Questo è un ottimo esercizio per tutte quelle persone che hanno la smania di scrivere una frase e rileggerla. Per scrivere bene devi calarti in quello stato d'animo e in quel flow che è come un canale tra te e il foglio.

Quel flusso va in una sola direzione e se lo interromperai dovrai spendere delle energie per farlo ripartire.

Quindi quando cominci a scrivere, non voltarti indietro, scrivi tutto quello che hai in mente e solo alla fine rileggerai. Se ci sarà qualcosa da buttare, buttalo senza troppo rancore, se ci sarà qualcosa da correggere lo farai, ma sempre alla fine!

Vinci il blocco creativo

Anche al migliore degli scrittori capita di arrivare a quel punto di vuoto totale conosciuto come "blocco dello scrittore". Non farti spaventare, spesso e volentieri una situazione del genere si risolve cercando nuovi stimoli!

Io stesso durante la scrittura di questo libro ho avuto un vuoto totale! Alzati, fai una passeggiata, parla con qualcuno e trova ispirazione in quello che fai.

Hai scritto una Pagina di Vendita o una mail di vendita e vuoi un mio parere?

Inviamela a info@selfrevolution.it sarò felice di leggerla e dirti la mia!

Ti prego di inserire lo scopo della pagina o della mail e una descrizione del tuo potenziale cliente nel corpo della mail.

COPYCONSAPEVOLE

Se non hai mai scritto una riga per niente e nessuno, ti consiglio vivamente di fare gli esercizi che ti ho proposto nelle pagine precedenti.

In questo capitolo voglio trattare un argomento di estrema importanza che è quello del copy legato alla consapevolezza (torna a dare un'occhiata al capitolo dell'analisi di mercato).

Il succo è questo: non puoi pensare di realizzare un copy efficace per tutti, è pura follia.

La consapevolezza del target è di fondamentale importanza per scegliere il modo giusto con cui porsi.

Ipotizziamo che tu venda il coltello più affilato del mondo che non perde mai l'affilatura.

Se parli ad uno chef, che comprende a fondo il problema, conosce i benefici e nessuno è più consapevole di lui sull'argomento (a parte un ninja), potrai dire semplicemente:

Compra COLTELLO NINJA, il coltello più affilato del mondo che non perde mai la lama a 97€ invece di 197€ solo per 15 giorni!

Off Topic, ma non tanto:

Ricorda che il tuo target non è o non sarà a questo livello di consapevolezza perché se così fosse, dovresti combattere con tutti quelli che passano la loro pubblicità in tv e spendono milioni di euro, probabilmente non sei ancora pronto.

Consideriamo ora il tuo vero campo d'azione, quello del cliente consapevole del problema:

Queste persone potrebbero essere le casalinghe che cucinano tutti i giorni, impiegano molto tempo per cucinare e usano coltelli che tagliano male e che si rivelano oltremodo rischiosi.

Ad una persona del genere potresti dire:

Smetti di buttare i tuoi soldi comprando coltelli scadenti che ti fanno perdere tempo e trasformano la tua passione per la cucina in un incubo!

Compra invece COLTELLO NINJA, potrai tagliare di tutto in un attimo senza rischiare di tagliarti un dito!

Cucinare sarà un piacere e costa 97€ invece di 197€ solo per 15 giorni

(nota il concetto di scarsity che non può mai mancare)

Questo è il copy più idoneo per le persone inconsapevoli ed è anche quello più difficile da realizzare, ma è solo puntando alla parte bassa della piramide che avrai ottime possibilità di successo!

Esercitati a creare un copy perfetto per il tuo cliente incosapevole.

Ricorda che quando avrai attirato il tuo target con un copy eccezionale che spacca lo schermo, dovrai sempre continuare ad educare il tuo prospect proponendogli altre offerte e servizi di valore sempre più alto.

Ricorda: più educherai il tuo cliente e più consapevole diventerà, questo prevede un cambio d'approccio!

Non potrai continuare a parlare ai tuoi clienti consapevoli allo stesso modo dei tuoi clienti totalmente inconsapevoli.

Questo li allontanerà e la tua resterà una vendita isolata che abbasserà il life time value dei tuoi clienti.

Leve emotive

I grandi persuasori sono tali proprio perché padroneggiano alla grande queste tecniche.

Ci tengo a fare una precisazione: spesso e volentieri le persone associano la persuasione a qualcosa di negativo. Non è così.

Come in ogni caso dipende sempre dall'uso che se ne fa. Persuadere è male quando è fatto con scopi loschi.

Uno psicologo fa uso della persuasione continuamente, ma lo fa a fin di bene e tu devi fare lo stesso.

Se provi a persuadere un tuo potenziale cliente all'acquisto di un prodotto che in realtà non apporta benefici ma anzi, potrebbe riportare qualche spiacevole conseguenza, stai facendo un cattivo uso di questa tecnica.

Se invece hai un prodotto eccezionale che giova alla vita del tuo cliente, perché mai non persuaderlo per fargli avere una vita migliore?

Il fatto che lui in cambio del tuo prodotto debba pagarti, non fa di te un essere spregevole, bensì un commerciante eticamente corretto.

Tutto il discorso sella persuasione ruota attorno alla psicologia e allo studio della mente umana.

Bisogna comprendere:

- Cosa le persone vogliono
- Come si sentono riguardo quello che vogliono
- Perché agiscono in un determinato modo

Soltanto quando avrai compreso ciò potrai far leva sui loro desideri per soddisfarli.

Cosa vogliono le persone

Quando pubblicizzi un prodotto o un servizio devi comprendere che alle persone di te, di ciò che offri e della sua qualità, non importa un benemerito niente.

A nessuno frega niente della tua bici con motore elettrico, del tuo processore potentissimo, del tuo vaso da giardino e del tuo corso per seduttori.

Le persone sono interessate solo ad una cosa: se stesse.

Ecco perché per catturare la loro attenzione, dovrai parlare di loro e non di te e di ciò che offri.

I protagonisti del tuo marketing dovranno sempre essere i tuoi potenziali clienti. Loro vogliono sapere come il tuo prodotto o servizio possa migliorare la loro vita, renderli più fighi, meno stanchi (sì, sono pigri), più performanti.

Gli esseri umani sembrano assai complessi, eppure si possono ridurre quasi ad uno schema. Siamo tutti uguali.

Analizzando l'aspetto primordiale, tutti abbiamo le stesse paure, gli stessi bisogni e gli stessi desideri e sono proprio questi ultimi che innescano ogni nostra azione.

Tutti abbiamo un istinto di sopravvivenza e vogliamo vivere più a lungo. Abbiamo tutti piacere di mangiare e bere. Vogliamo essere liberi dalla paura, dal dolore e dal pericolo. Vogliamo vivere in condizioni confortevoli e attrarre l'altro sesso. Tutti vogliamo vincere e allo stesso modo vogliamo l'approvazione sociale.

Come puoi sfruttare tutto ciò?

Non c'è nulla di più potente che stimolare un desiderio atavico.

Un desidero è semplicemente una sensazione di insoddisfazione che accusiamo quando un nostro bisogno non è soddisfatto.

Se ho una sedia scomoda, non vivo in maniera confortevole e desidererò una sedia nuova.

Se sono grasso, farò fatica ad attirare l'altro sesso e desidererò essere magro.

Ora ti svelo una cosa molto interessante.

Per noi tutti non solo è piacevole soddisfare i nostri desideri, ma riusciamo a trarre piacere anche quando leggiamo o ascoltiamo storie di altre persone che sono riuscite a soddisfare gli stessi desideri.

Leggere la storia di un uomo che è riuscito a perdere 80Kg e finalmente ha conosciuto la donna della sua vita, ti garantisco che per chi si sente grasso e avverte lo stesso problema, è estremamente piacevole da leggere. Dona speranza.

Rifletti sui tuoi clienti ideali e cerca di comprendere quali siano i loro desideri, le loro paure. Scova la loro insoddisfazione e proponigli la tua soluzione su un piatto d'argento. Non potranno far altro che accettare.

Fai un piccolo esercizio:

Immagina di dover vendere prodotti o servizi ad un cliente e prova ad immaginare quali bisogni primordiali vengono soddisfatti.

Per esempio: se sei un agente immobiliare non dovrai vendere un immobile, ma l'immagine di una famiglia felice in quelle mura.

Se devi vendere una TV non stai vendendo uno schermo, ma l'idea di un momento rilassante dopo il lavoro.

Provaci! Scegli prodotti a caso e pensa in questa chiave!

I 7 PILASTRI DELLA PERSUASIONE

Questa parte del libro prende ispirazione dal libro di Robert B. Cialdini "Le armi della persuasione", che ti consiglio fortemente di leggere per comprendere fino in fondo ognuno delle tecniche che ti spiegherò.

Questo è uno dei miei argomenti preferiti! Mi lascia sempre di stucco osservare quanto noi esseri umani siamo così complessi eppure così semplici.

La nostra semplicità deriva proprio dalla nostra complessità.

Mi spiego meglio.

Durante la tua giornata compi una serie di scelte inconsapevoli per le quali non ti preoccupi minimamente.

Perché accade ciò? Perché non hai abbastanza tempo né abbastanza energie per razionalizzare ogni scelta.

È di questa falla che approfittano i manipolatori.

Loro sanno benissimo che se ti gettano la giusta esca tu agirai senza pensarci troppo, semplicemente perché inconsciamente hai riconosciuto una situazione vantaggiosa.

Questo non vuol dire che tu l'hai valutata e successivamente ritenuta vantaggiosa, ma l'hai fatto inconsciamente perché dentro di te sono stati "premuti dei pulsanti".

In natura ogni animale reagisce d'istinto a determinate sollecitazioni, e anche se ti ritieni un evolutissimo essere umano pensante, non sei molto diverso da loro.

Sembra banale, ma non lo è. Partiamo dal principio.

La Tacchina e la Puzzola

Le tacchine sono buone madri, affettuose, attente e protettive. Passano gran parte del tempo ad accudire, scaldare, pulire e raccogliere sotto di sé i piccoli. Ma nel loro metodo c'è in effetti qualcosa di strano. Praticamente tutto questo comportamento materno è messo in moto da una cosa sola: il "cip-cip" dei piccoli.

Altri elementi d'identificazione dei pulcini, come l'odore, l'aspetto o le qualità tattili, sembrano avere una parte del tutto secondaria: se il piccolo fa "cip-cip" la madre si prende cura di lui, altrimenti lo ignora e in qualche caso lo può persino aggredire e uccidere.

Fino a che punto le madri tacchine si basano su quest'unico suono l'ha dimostrato Fox M.W. nella sua descrizione di un esperimento con una mamma tacchina e una puzzola impagliata.

Per una tacchina con i piccoli la puzzola è un nemico naturale, accolto con strepito e beccate furiose: bastava avvicinare con un filo l'animale impagliato perché la tacchina l'aggredisse con violenza.

Ma se dentro la stessa puzzola impagliata era nascosto un registratore che emetteva il "cip-cip" dei piccoli, ecco che la madre non solo la accettava ma la prendeva sotto l'ala. Spegnendo il registratore, l'attaccava di nuovo.

Prima di ridere compiaciuti della facilità con cui gli animali si lasciano ingannare da certi segnali scatenanti, mettendo in moto reazioni del tutto inadatte alla situazione, è bene ricordarci che ci rendiamo conto di due cose.

Primo, gli schemi automatici di questi animali funzionano benissimo nella grande maggioranza dei casi. Basta che reagisca a quell'unico stimolo perché la mamma tacchina si comporti quasi sempre nel modo dovuto.

La seconda cosa importante da capire è che anche noi abbiamo i nostri programmi preregistrati. Benché di solito funzionano a nostro vantaggio, il segnale che li mette in moto può essere usato per abbindolare anche noi e farceli eseguire nel momento meno opportuno.

1. La persuasione

Ellen Langer, la prima donna a conseguire una cattedra in psicologia presso l'Università di Harvard, dimostrò come riusciva ad evitare la coda alla fotocopiatrice di una biblioteca, utilizzando la parola "**perché**" seguita da un'argomentazione.

La Langer si avvicinava alle persone in coda e formulava una tra le seguenti domande:

- "Scusi devo fotocopiare 5 pagine. Posso usare la fotocopiatrice?" (tasso di successo del 60%)

- "Posso usare la fotocopiatrice, *perché* ho molta fretta?" (tasso di successo del 94%)

- "Posso usare la fotocopiatrice, *perché* devo fare delle copie?" (tasso di successo del 93%)

L'ultima domanda, come si può notare, non ha una motivazione concreta come la seconda ma ha ottenuto comunque un ottimo tasso di successo.

Il semplice utilizzo della parola perché aumenta l'efficacia della persuasione di **un terzo** rispetto alla domanda che non presenta il perché.

Secondo questo studio, noi accettiamo la parola *perché* senza nemmeno prestare attenzione alla ragione che giustifica un'argomentazione, consentendo così alla parola *perché* di diventare essa stessa una ragione.

La parola **perché** fa scattare una risposta automatica di acquiescenza, il che significa che accettiamo semplicemente ciò che viene dopo di essa.

La Langer successivamente ha condotto un ulteriore studio dove ha aumentato il numero di pagine da fotocopiare da 5 a 20 e in quella situazione le percentuali non furono così favorevoli, Cialdini questo non lo riporta nel suo libro.

Quando si effettuano delle richieste più grandi il "pilota automatico" delle persone non si attiva così facilmente.

All'atto pratico e con una tecnica inversa, è possibile scatenare nelle persone un forte senso di curiosità semplicemente facendo loro delle domande e usando la parola **"perché"**.

Immagina: stai vendendo uno smartwatch e dopo aver fatto una bella foto al prodotto, devi scrivere il copy della tua inserzione pubblicitaria.

Usando la parola perché scrivi: ***"Perché questo smartwatch è così speciale?"***

Non trovi che sia molto più attrattivo che elencare tutte le caratteristiche del tuo Smartwatch?

Lo stereotipo "costoso=buono"

Più precisamente la percezione secondo la quale un oggetto costoso ha una qualità nettamente migliore rispetto a un oggetto meno costoso.

Il prezzo diventa perciò un segnale di qualità, sufficiente a mettere in moto la risposta programmata.

Si potrebbe dunque pensare che gli stereotipi siano dei pensieri negativi e che potrebbero seriamente danneggiarci ma in realtà questi ci aiutano nel 90% dei casi nella vita di tutti i giorni.

Effettivamente un oggetto con un costo elevato avrà nella maggior parte dei casi una qualità maggiore rispetto ad un oggetto con un costo modesto.

Questo è l'esatto motivo per il quale, diverse volte mi sono ritrovato a vendere un prodotto ad un determinato prezzo con scarsi risultati per poi vedere le vendite esplodere solo per averlo alzato. Ti sembrerà assurdo ed invece è proprio così.

Se io ti proponessi un dentifricio a 1€ cosa passerebbe inconsciamente nella tua mente?

"Il solito dentifricio a 1€"

Probabilmente entrerei in competizione con tutti quelli che vendono dentifrici a 1€ e ne venderei pochi.

Ma se piazzassi quel dentifricio a 4,5€?

Chiunque lo vedrà potrà pensare:

1) Costa tanto, ma sarà certamente buono
2) Sembra buono (questo perché inconsciamente costoso=buono)

Nessuno metterà il tuo dentifricio da 4,5€ sullo stesso piano di quello da 1€ e ti garantisco che se pure ne venderai lo stesso numero, avrai fatto 4,5x di profitto.

C'è un limite però a tutto questo che è l'umana logica.

Ricorda che l'umana logica non è la TUA logica e che, se anche tu non compreresti mai l'acqua della Ferragni, in questo mondo c'è qualcuno che lo fa.

Il principio di contrasto

È quello che influisce sulla differenza che avvertiamo fra due cose presentate in successione.

Supponiamo che un uomo entri in un negozio di abbigliamento elegante per comprare un completo e una cravatta

Il venditore, se istruito correttamente, cercherà di vendere prima l'abito, perché quando poi arriverà il momento di guardare le cravatte, anche se costose, il loro prezzo non sembrerà tanto alto in confronto.

Un cliente potrebbe indietreggiare all'idea di spendere 150 euro per una cravatta, ma se ha appena comprato un abito da 500 euro, i 150 euro non sembreranno più così eccessivi.

Ecco perché il valore dei tuoi up sell e cross sell deve essere meditato bene.

Se provi a vendere ad un potenziale cliente un libro da 30€ e non appena lo compra lo porti su una pagina e gli chiedi di spendere 2.000€ per un videocorso, con molta probabilità farai un buco nell'acqua.

Viceversa potresti aumentare il tuo scontrino medio da 2.000 a 2.200€ senza troppi problemi proponendo dopo il Videocorso un Bundle di libri.

Attenzione:

Certe strategie di Marketing prevedono la vendita di un prodotto esca semplicemente per pareggiare i costi dell'acquisizione del cliente.

Esempio: Ti vendo un libro che costa 30€ per pareggiare il costo di pubblicità che ho sostenuto. Qualcuno procede in questo modo per avere contatti di potenziali clienti "gratuitamente".

Se è una buona strategia, non appena starai per comprare il libro ti verrà proposto un upsell che può consistere in un videocorso, un bundle di libri, una consulenza ecc.

In alcuni casi mi è successo che dopo aver comprato il libro mi venisse proposto un corso da 2000€.

Io non ero pronto a spendere 2000€ così, all'improvviso, e ho rifiutato.

È anche vero però, che se dopo il libro non mi chiedi di darti 2000€, io di certo non te li darò.

Quelli che spendono 2000€ invece di 20€ esistono e se non sarai tu a chiedergli 2000€, stai pur certo che non te li daranno.

La strategia funziona così:

1) Il cliente compra il libro e spende 30€ - io pareggio i costi-
2) Gli propongo un upsell da 2000€ - non accetta perché non è pronto-
3) Gli propongo un downsell da 497€, non accetta.
4) Gli propongo un Bundle di Libri 49€. Accetta.

Ho guadagnato 19€ in più, ma attenzione, avrei potuto guadagnarne anche 500 in più o in qualche caso addirittura 2000!

La strategia può essere messa in pratica anche in maniera inversa.

Parti da una Vendita di un Videocorso da 2000€

Proponi un upsell di 497€ (che non sembrano più così tanti in confronto ai 2000! O sbaglio?) – Il cliente Accetta.

Proponi un ulteriore upsell da 49€ - Il cliente accetta anche quello.

Io preferisco di gran lunga la seconda strategia, ma quale attuare dipende ovviamente dalla tua situazione iniziale.

Se hai già tutti i prodotti pronti allora puoi procedere, ma se magari stai lavorando da solo alla creazione di tutti i tuoi contenuti e il tuo budget iniziale non è così grande, allora la prima strategia funziona bene lo stesso.

Il budget e il tuo tempo sono fondamentali nella scelta della strategia da attuare.

Vendere un prodotto da 2000€ usando le Facebook ADS, potrebbe costarti diverse centinaia di € diversamente dal vendere un libro da 30€.

2.Reciprocità

Come ti senti quando sei in debito con qualcuno?

Esattamente così ci si sente dall'era dei tempi.

Chi non ripaga i propri debiti non è apprezzato dalla sua comunità d'appartenenza.

L'aspetto impressionante del contraccambio e del senso d'obbligo è la sua posizione nella cultura umana. È così diffusa che studi approfonditi affermano che non c'è nessuna società umana che non condivide questa norma.

Noi siamo umani perché i nostri progenitori hanno imparato a spartirsi il cibo e le rispettive abilità in un intreccio di obblighi reciprocamente riconosciuti.

Quante volte nella tua vita sei stato vittima di venditori ambulanti che dopo averti regalato un braccialetto ti chiedevano un'offerta?

E come ti sei sentito?

Lo sai che sei stato manipolato con la tecnica del contraccambio?

Il potere di questa tecnica non si limita all'acquisto di cose di poco conto.

Le persone, sentono forte il peso del debito che persiste per anni.

La regola di reciprocità ha un potere impressionante e ti spinge ad accettare cose che non avrebbero mai ottenuto la tua approvazione.

I politici al governo vivono ogni giorno in una fitta rete retta dallo scambio di favori.

Combinare insieme disagio interiore e vergogna all'esterno, può comportare un grave costo psicologico.

Queste tecniche manipolatorie possono certamente essere usate a fini oscuri, ma se tu potessi aiutare qualcuno dopo averlo manipolato, lo riterresti comunque sbagliato?

Se tu hai un problema che io so di poter risolvere con il mio libro e ti "manipolo" per portarti all'acquisto che poi alla fine dei conti risolverà il tuo problema, ho fatto bene o male?

Diverso è il discorso dei truffatori che manipolano esclusivamente per i loro interessi.

Nel mio campo, quello del Marketing, ci sono diverse tecniche e strategie da poter applicare per "far sentire in debito" i tuoi clienti.

La cosa bella è che sei tu a condurre il gioco e puoi scegliere di regalare qualsiasi cosa che possa alimentare il senso di debito dei tuoi potenziali clienti.

Alcuni venditori fanno una forte leva su questo principio. Io preferisco andarci più piano facendo leva su quelli che sono i problemi del mio cliente che io realmente posso risolvere.

L'uso della regola di reciprocità, per quanto mi riguarda, si ferma al mio Lead Magnet. Offro dei contenuti "in regalo" ai miei clienti oppure li aiuto a risolvere un piccolo problema "gratuitamente".

Nel primo caso io ti regalo il mio eBook e tu mi dai la mail.

Nel secondo caso ti aiuto a risolvere un problema gratuitamente e dopo ti propongo l'acquisto del libro o di un altro prodotto.

Non sottovalutare mai l'incredibile potenza di questa leva emotiva, è forse una delle più efficaci!

Ripiegamento dopo il rifiuto

Il "**ripiegamento dopo** un **rifiuto**" è la modalità con la quale si avanza una richiesta volutamente eccessiva, di cui non si prevede affatto il successo e **dopo** aver accettato il probabile **rifiuto** della controparte, si presenta una "nuova" richiesta, che però è quella che si aveva in mente fin dal principio.

Si tratta di una tecnica che mira a sfruttare il senso di colpa e l'imbarazzo che la controparte proverebbe nell'opporre due volte di seguito un rifiuto.

Il fattore decisivo che porta dal rifiuto della prima richiesta, all'accettazione della seconda, è che essa venga considerata dalla controparte come:

- o Minore rispetto alla richiesta iniziale;
- o Una concessione nei nostri confronti.

L'utilizzo della tecnica del "Ripiego dopo un rifiuto" si associa molte volte all'azione del principio di contrasto.

Non a caso, una richiesta iniziale spropositatamente alta, oltre a sfruttare il principio di persuasione del ripiegamento, fa apparire la seconda richiesta meno cara di quanto non fosse in realtà.

Una variante della tecnica del "Ripiegamento dopo il rifiuto" è individuabile nelle vendite "face to face" o telefoniche.

Nel momento in cui delle persone si rifiutano di acquistare i prodotti o servizi proposti, viene chiesto loro di indicare perlomeno dei nominativi di amici o conoscenti a cui presentarsi per proporre quel tipo di acquisto. *"Visto che lei non è attratta dalla nostra bellissima proposta, mi fornisca almeno cinque nominativi di persone, che secondo lei potrebbero essere interessate al nostro prodotto, ed a cui mi possa rivolgere a nome suo."*

Così, molti che in altri casi non avrebbero mai sottoposto un amico alle insistenze di un venditore, si prestano a fornire nomi e indirizzi. Questo accade quando la richiesta è presentata come una concessione rispetto a quella iniziale di acquisto appena rifiutata.

Sempre nell'ambito delle vendite, la tattica di richiedere dei nominativi di amici o conoscenti a cui potersi rivolgere, viene applicata sotto forma di contropartita.

In questo caso il venditore si propone di concedere uno sconto in cambio di nome ed indirizzo di almeno tre o cinque persone potenzialmente interessate all'acquisto di quel tipo di prodotto.

La reale potenza della tattica sta nel presentarsi a nuovi potenziali acquirenti, dichiarando di aver avuto il nominativo da una persona che loro conoscono, sfruttando il **principio di persuasione della simpatia**.

Qualsiasi venditore sa che la possibilità di concludere con esito positivo una vendita, cresce di molto, se si è in grado di presentarsi ad un potenziale cliente dichiarando che il suo nominativo è stato fornito da una persona di sua conoscenza e che lo ha raccomandato per il possibile acquisto di quel tipo di prodotto o servizio.

In pratica si innesca un meccanismo psicologico per cui sembra quasi che la proposta di acquisto arrivi non da una persona sconosciuta (venditore), ma dall'amico o il conoscente che sia.

Non importa nemmeno che l'amico o il conoscente siano lì presenti, basterà semplicemente nominarli. A quel punto, il potenziale acquirente difficilmente rifiuterà di stare ad ascoltare ciò che il venditore ha da proporre, in quanto sarebbe come dire (a livello inconscio) che non gli importa nulla di quell'amico o di quel conoscente.

3.Impegno e Coerenza

Tutti noi sappiamo che l'impegno e la coerenza sono entrambe apprezzate nella nostra cultura e che una volta che ci siamo presi un impegno, subentra in noi una tendenza naturale a rimanere coerenti con esso o con quanto abbiamo affermato, detto o fatto.

Mantenere un atteggiamento coerente e responsabile ci è utile principalmente per due motivi:

Il primo è che ci permette di risparmiare la fatica di dover continuamente ripensare alle decisioni già prese, investendo tempo ed energie mentali per soppesarne i pro e i contro. In un certo senso si tratta di una scorciatoia alle complicazioni della vita. Una volta presa una certa decisione, ci si risparmia la fatica mentale di doverci pensare ancora. Quello che dovremo fare sarà solo comportarci di conseguenza.

Il secondo motivo è che essere coerenti ci permette di apparire agli occhi degli altri come persone razionali ed oneste. Al contrario chi pensa e agisce in modo non coerente, è giudicato normalmente come una persona poco seria e certamente non affidabile.

Proprio per questi vantaggi generali, se non stiamo attenti, la spinta ad essere ed apparire coerenti, può essere trasformata in una potente arma di persuasione che rischia di intrappolarci in situazioni contrarie ai nostri interessi.

La corretta applicazione di questa tecnica di persuasione, prevede una presa di posizioneinequivocabile della controparte. In che modo? Spesso risulta efficace, portare alla sottoscrizione di un "documento" o "clausola" (di carattere innocuo), che alla fine condurrà il sottoscrivente, a tener fede alla propria parola. Ergo accoglierà le nostre richieste.

Ancora più probabile che la persona manterrà l'impegno preso se esso viene espresso pubblicamente in presenza altri. Meglio ancora se scritto.

Tattica del "Piede nella porta"

La tattica di partire con una piccola richiesta per poi arrivare ad ottenere il nostro assenso su richieste più grandi è indicata con il nome: *"Piede nella porta"*.

Per descriverne il funzionamento, Cialdini tra i numerosi esempi citati nel suo libro descrive la modalità con la quale dei ragazzi che collaborano con un'associazione di ex-tossicodipendenti, approcciano i potenziali clienti.

In questo caso i ragazzi, avvicinando le persone, pongono loro una semplice domanda: *"Scusi, lei apprezza i ragazzi ex-tossicodipendenti che lavorano e si danno da fare?"*. A fronte di una risposta affermativa, i ragazzi mostrano i loro lavori artigianali chiedendo di fare un'offerta per aiutare l'associazione. A quel punto per molte persone diventerà difficile dire di no, perchè in contrasto con quanto affermato poco prima.

Il meccanismo dell'impegno e della coerenza può ad ogni modo assumere diverse forme e può essere sfruttato da certi opportunisti, talmente bravi da predisporre le cose in modo da far scattare in noi la molla della coerenza assoluta e raramente ci accorgiamo di essere caduti in trappola.

La lezione che se ne può trarre è quindi, quella di essere molto prudenti prima di assecondare richieste che in apparenza possono sembrare insignificanti.

L'applicazione del principio dell'impegno e della coerenza si basa anche sul fatto che più tempo la controparte investirà nella negoziazione, più si sarà disponibile e comprensiva e quindi disposta a fare concessioni.

Mettendo sempre in risalto il tempo e l'impegno che ormai sono stati investiti nella trattativa, questo tipo di tattica è anche utile per spingere la controparte ad accettare o a far sì che sia lei a proporre di arrivare ad un compromesso.

Lo scopo finale è quello di farle apparire più alto il costo del mancato accordo. In noi tutti risiede un "limite" che se oltrepassato, ci impedisce di andar via con un nulla di fatto.

Altro modo per convincere la controparte è quello di farle credere di avere in pugno un buon accordo.

Alcuni concessionari conquistano nuovi clienti facendo credere alla controparte di avere in pugno un buon accordo per l'acquisto della loro vecchia auto, salvo poi, poco prima della firma dei documenti di compravendita far intervenire il responsabile del settore auto usate il quale, fingendo dispiacere, fa presente che è emerso un certo aspetto che non era stato inizialmente considerato, come ad esempio un errore nella valutazione proposta che renderà la transazione più onerosa.

In molti casi il tempo speso e gli impegni presi fan sì che le persone trovino difficoltoso ritirarsi dalla trattativa anche se gli venisse proposto di farlo.

Un'altra applicazione di tale tattica, soprattutto nelle vendite porta a porta è quello di far compilare il buono d'ordine direttamente al cliente invece che al rappresentante. Questo è un modo per impegnare psicologicamente il cliente affinché si assuma la responsabilità delle sue azioni e non receda poi dal contratto.

Una delle frequenti citazioni di Ralph Waldo Emerson è: "Una sciocca coerenza è lo spauracchio delle piccole menti".

Emerson parla di evitare questa tendenza automatica alla coerenza perché ci espone ai trucchi di chi vuole sfruttarla a proprio vantaggio.

4.La riprova sociale

Il principio della **riprova sociale** è uno dei metodi che normalmente si utilizzano per capire cosa sia giusto o sbagliato, basandosi su cosa ritengono giusto o sbagliato gli altri.

Questo fenomeno afferma che la maggior parte delle persone, tende a prendere una decisione o assumere un certo comportamento in base alle azioni compiute dai propri simili. Questo tipo di "omologazione" porta a sentirsi "moralmente" a posto e socialmente accettati.

Le applicazioni commerciali e lucrative del principio di **riprova sociale** sono diverse.

Le risate registrate

La **riprova sociale** è il meccanismo che sta dietro alle risate registrate che sono presenti in alcuni programmi televisivi di intrattenimento.

Anche se non ci piace questo artificio, il nostro cervello viene tratto comunque in inganno in quanto ritiene di dover imitare il comportamento degli altri e, sentendo una risata registrata, è inconsciamente più disposto a ridere.

La raccolta di fondi e offerte

In alcuni luoghi pubblici, come ad esempio bar e servizi igienici, è possibile vedere il piattino delle mance sempre provvisto di monete e anche di qualche banconota, per dare l'impressione che dare una mancia un po' più consistente sia il comportamento giusto da tenere. Ciò viene fatto per mostrare che altri hanno già contribuito e che sono stati, in molti casi, generosi. Lo scopo finale è indurre le persone a pensare che il partecipare con una certa somma sia il comportamento giusto da tenere. In pratica se gli altri lo hanno fatto, deve essere giusto così.

La tendenza a considerare più adeguata un'azione quando la fanno gli altri normalmente, funziona bene. Di regola, commetteremo meno errori agendo in accordo con l'evidenza sociale che al contrario. Questo aspetto del principio della riprova sociale è il suo maggior punto di forza, ma anche la sua debolezza. Come altre armi di persuasione, ci offre una comoda scorciatoia per decidere come comportarci, ma allo stesso tempo si espone agli attacchi dei profittatori in agguato.

Le code affollate di fronte all'ingresso dei locali

La **riprova sociale** può essere anche utilizzata all'apertura di alcuni locali come le discoteche. I gestori creano una coda affollata di fronte all'ingresso, anche se all'interno c'è posto, per far credere al pubblico che il locale sia così bello e ricercato da dare origine ad un agglomerato di persone in attesa di entrare. Lo scopo è quello di indurre le persone a credere che, se così tanta gente vuole entrare, il luogo è realmente qualcosa che vale la pena di vedere.

La scelta del ristorante

TripAdvisor a parte, inconsapevolmente è quello che normalmente facciamo, quando siamo in una località che non conosciamo e dobbiamo scegliere un ristorante. Se dentro c'è gente, entriamo perché ci viene da pensare che se c'è gente vuol dire che si mangia bene. Se invece vediamo che il locale è semivuoto, evitiamo di entrare.

A proposito di ristoranti, una semplice modalità di utilizzo della riprova sociale, utilizzata soprattutto da quei locali che vogliono aumentare le richieste di alcuni piatti, è quella di etichettarli come la specialità preferita dal pubblico.

La **riprova sociale** come principio non sarebbe tutto sommato sbagliato, soprattutto perché ci aiuta a decidere, in modo rapido ed efficace, nelle situazioni di incertezza. Il problema si presenta solo quando certe scelte ci fanno cadere all'interno di trappole psicologiche create ad arte da coloro, in particolare venditori e pubblicitari che utilizzano il principio della **riprova sociale** per far credere che sia una buona scelta, per il solo fatto che un certo prodotto è già stato scelto da tanti altri o perché viene segnalato da VIP o da **influencer**.

5.Simpatia

Le persone con cui normalmente entriamo in contatto, nella vita, ci risultano più o meno simpatiche o antipatiche a seconda della sensazione di benessere personale che percepiamo fin dai primi momenti in cui entriamo in contatto con l'altra persona.

A seconda del grado di simpatia che proviamo per una persona, anche appena conosciuta, saremo quindi portati a pensare che all'occorrenza potremmo essere più o meno propensi alle richieste dell'altro.

Essere predisposti a dire di sì alle persone che ci sono simpatiche è certamente una cosa normale. La questione inizia a diventare un problema quando il concetto di simpatia viene strumentalizzato per indurci a dire di sì ad una richiesta.

Esistono diversi fattori che se abilmente impiegati sono capaci di produrre una reazione di simpatia, i principali sono:

- o **la bellezza**, ciò che è bello è sicuramente buono;

- o **la somiglianza**, ci attraggono le persone che sono come noi;

- o **i complimenti**, ci piacciono le persone a cui piacciamo.

Bellezza

Ho già parlato del fatto che la mente umana tende molto più ad attribuire tutta una serie di caratteristiche positive, quali ad esempio onestà, talento, intelligenza, cortesia, a persone di bell'aspetto, senza aver verificato se le possiedano o meno.

È infatti generalmente riconosciuto e dimostrato a livello psicologico, che le persone di bell'aspetto e fisicamente attraenti rispetto ad una persona che non lo è, anche se sono dei perfetti sconosciuti, appaiono più competenti e persuasive di quanto non siano in realtà e hanno quindi maggiori possibilità di influenzare le opinioni ed i comportamenti d'acquisto delle persone nonché di ricevere maggior aiuto in caso di bisogno.

Somiglianza

Nei casi in cui la bellezza non è in questione, si può ricorrere al fattore della somiglianza.

Chi cerca di ottenere la nostra disponibilità, sa che, tendiamo ad ascoltare e ci fidiamo di più delle persone che sono come noi, che ci somigliano e che collaborano nel perseguimento degli obiettivi comuni.

Il fattore della somiglianza riguarda in particolar modo:

- o Identità di opinioni, di origine, di ambiente e di educazione;

- o Uguaglianza di interessi e di caratteristiche della personalità (età, religione, idee politiche);

- o Il modo di vivere e di vestire (si tende di più ad aiutare persone che vivono e si vestono come noi).

In pratica la simpatia si può accentuare se facciamo sì che le idee e le opinioni della controparte coincidano con le nostre.

Pertanto, coloro che cercano di avere il nostro assenso faranno di tutto per creare ad arte somiglianze che in realtà non esistono e per cercare tracce indicative dei nostri interessi, dei nostri hobby e della nostra personalità, al fine di collegare sé stessi alle cose che ci piacciono.

Lo scopo finale è quello di creare un legame e punti in comune che si possano sfruttare al fine di rendere una persona più remissiva ad una richiesta.

Complimenti

Tutti noi amiamo essere apprezzati e ricevere complimenti e pur essendoci dei limiti alla nostra credulità, normalmente tendiamo a credere alle lusinghe e agli apprezzamenti positivi anche quando sono chiaramente falsi.

Sapere quindi che una persona, attraverso i suoi complimenti o segnali di apprezzamento prova per noi ammirazione è un sistema micidiale per indurci a provare simpatia nei suoi confronti e assenso alle sue richieste.

Sebbene il fatto di fare complimenti o emettere segnali di apprezzamento o di ammirazione sia effettivamente tra i modi migliori per spingere le persone a muoversi verso i nostri confronti, il vero segreto del principio di simpatia ai fini dell'influenza è quello di cercare di far capire alle persone che esse ci piacciono.

Dire alle persone, anche se le conosciamo da poco tempo, "**mi piaci**" o "**mi piacete**" ha l'obiettivo di renderle più favorevoli ad abbassare le difese al fine di far accettare una richiesta.

Quindi non si deve semplicemente puntare a piacere alla gente per spingerla nella nostra direzione, ma è invece fondamentale che le persone capiscano di piacerci per farle muovere verso di noi.

Pensaci, non c'è ragione che io segua il tuo consiglio se mi piaci, ma ci sono tutte le ragioni del mondo che io segua il tuo consiglio se so di piacerti.

Perché se io ti piaccio davvero, allora vorrai prenderti cura di me, proteggerai i miei interessi.

Non faresti nulla per nuocere e anzi farai il possibile per garantirmi un ottimo affare e per questa ragione posso tirare il fiato e dire: bene, questa persona mi sostiene, è dalla mia parte e conosce bene l'argomento.

Questo è ciò che voglio davvero. Nel mondo complesso e difficile degli affari, devo avere dei sostenitori, gente che conosce bene l'argomento e le complessità del settore e a cui piaccio.

Questo mi farà superare tutte le perplessità facendomi prendere la decisione giusta.

E se io ti piaccio posso fidarmi del fatto che mi spingerai ad andare nella direzione giusta.

Ecco perché desidero di più trovare qualcuno a cui piaccio, piuttosto che qualcuno che piace a me, quindi il tuo compito quando cerchi di influenzare qualcuno, non è tanto quello di piacere a quella persona, ma farle capire che lei a piacerti.

6.Autorità

Tutti noi siamo stati educati fin dalla nascita, indipendentemente dal tipo di educazione ricevuta, a rispettare e ad ubbidire all'autorità, che man mano che crescevamo era rappresentata da: genitori, insegnanti, professori, il capo ufficio, militari, agenti di polizia, dottori e così via.

Tutto ciò è normale, rientra nella cultura della società civile che, nella maggior parte dei casi, ci porta a pensare che seguire gli ordini, le indicazioni ed i suggerimenti dell'autorità potrà portarci solo dei vantaggi. Mentre al contrario disobbedire è sempre uno sbaglio. Nella stessa Bibbia, Adamo ed Eva vengono puniti, proprio per aver disubbidito all'autorità.

Il principio dell'autorità si basa quindi sul fatto che generalmente, più le persone sono percepite come autorevoli, più le ascoltiamo. Presumiamo infatti che se abbiano raggiunto una posizione di prestigio, è proprio grazie ad una loro superiore competenza e questo fa sì che sappiano quello che dicono.

Conformarci ai dettami dell'autorità ci fornisce inoltre un'utile scorciatoia per decidere come comportarci nelle situazioni in cui non è chiaro che cosa fare. In tali casi non dovremmo perdere tempo a pensare, in quanto se l'autorità ha detto di comportarci così vuol dire che è la decisione più giusta da prendere.

Fin qui tutto bene. Il problema si ha quando gli esperti della persuasione utilizzano questa particolare attenzione che abbiamo verso chi si presenta a noi come figura autorevole, per farci seguire determinati comportamenti o compiere certe azioni, facendoci credere che queste siano le più adatte alla situazione.

L'esperimento Milgram

Parlare in modo esaustivo del principio di Autorità non è possibile senza fare riferimento all'esperimento svolto nel 1961 dallo psicologo americano Stanley Milgram nell'Università di Yale.

Obiettivo dell'esperimento era lo studio del comportamento delle persone nei confronti dell'autorità che, nel caso in questione, era rappresentata da un "ricercatore" universitario, con tanto di camice bianco, tesserino col nome e la qualifica; costui si presentava come uno scienziato responsabile di un esperimento sulla memoria.

I soggetti "partecipanti" all'esperimento erano dei volontari, reclutati tramite inserzioni su giornali locali, a cui veniva chiesto di condurre una serie di test di memoria su un'altra persona a loro sconosciuta, che apparentemente sarebbe stata "la cavia" oggetto del test di memoria ma in realtà era un attore complice del "ricercatore".

L'esperimento cominciava con il "ricercatore" universitario che chiedeva al "partecipante" di aiutarlo a legare la "cavia" ad una sedia e poi gli apponevano degli elettrodi sulle braccia.

Al "partecipante" veniva poi chiesto di rivolgere alla "cavia" delle domande oggetto del compito di memoria.

Ogni volta che la "cavia" non riusciva a produrre una risposta corretta al compito di memoria, il "ricercatore" universitario invitava il soggetto "partecipante" a somministrare una scossa elettrica alla "cavia" con lo scopo di punirlo per l'errore commesso.

I livelli di somministrazione delle scosse elettriche aumentavano di dosaggio con il progredire degli errori commessi dalla "cavia".

Per fortuna si trattava di finte scariche elettriche. Come dicevamo la "cavia" era un attore complice del "ricercatore" ma il soggetto "partecipante" non lo sapeva.

La "cavia" che riceveva le finte scosse elettriche, dapprima simulava di lamentarsi un poco dal dolore, poi con l'aumentare dell'intensità delle finte scosse, iniziava a lamentarsi sempre di più, fino a supplicare il soggetto "partecipante" di porre fine al test e di conseguenza alle scosse elettriche, arrivando alla fine anche di far finta di svenire pur di far smettere l'esperimento.

Ai soggetti "partecipanti" che visti i lamenti sempre più insistenti delle "cavie", chiedevano di interrompere l'esperimento, il "ricercatore" imponeva loro di continuare a portare a termine il lavoro.

Alla fine, i risultati emersi dell'esperimento dello psicologo Stanley Milgram ebbero dell'incredibile.

Anche se con riluttanza, circa il 65% dei "partecipanti", i veri soggetti del test, acconsentì a completare l'esperimento, infliggendo così tutta la sequenza di scariche elettriche previste dalla procedura del test.

Scariche, la cui intensità, sarebbero state per i soggetti del test molto pericolose per la loro salute.

L'esperimento Milgram è diventato molto noto in ambito psicologico in quanto ha rivelato l'estrema disponibilità di persone adulte a:

- o contrastare gli ordini del "capo" in quel momento rappresentato dal "ricercatore" in camice bianco che li incitava, spesso con veri e propri ordini, a fare il loro dovere, nonostante il male fisico e psicologico provocato verso vittime innocenti.

- o seguire fino in fondo, anche se con riluttanza, gli ordini di persone che si ritengono essere autorevoli, anche quando tali decisioni sono immorali.

L'esperimento ebbe molta notorietà anche in quanto incominciò tre mesi dopo l'inizio del processo a Gerusalemme nei confronti del criminale nazista Adolf Eichmann (1906 – 1962), accusato di crimini contro l'umanità, contro il popolo ebraico e crimini di guerra.

Milgram dichiarò che uno degli scopi dell'esperimento era anche quello di indagare sul motivo che spingeva tanti soldati nazisti a compiere atrocità sotto il comando dei loro superiori.

Considerato uno dei maggiori responsabili dello sterminio degli ebrei nella Germania nazista, Adolf Eichmann, per tutto il processo si difese, dichiarando che stava semplicemente eseguendo degli ordini.

Ad una domanda fatta durante il processo nella quale gli si chiedeva se gli ebrei fossero destinati o meno ai campi di sterminio, Eichmann rispose: *"Non lo* nego. Non l'ho mai negato. Ricevevo degli ordini e dovevo eseguirli in virtù del mio giuramento. Non potevo sottrarmi e non ho mai provato a farlo. Ma non ho mai agito secondo la mia volontà. Obbedivo ed eseguivo gli ordini che ricevevo. Io non ero un imbecille ma ricevevo ordini".

Seguendo tutto il processo, la Arendt ricavò l'idea che il male commesso sia da Eichmann sia dalla maggior parte dei tedeschi che si resero corresponsabili dei crimini in particolare contro gli ebrei, fosse causato non da un'indole maligna delle persone quanto piuttosto da una completa incapacità di elaborare il significato delle proprie azioni e di conseguenza delle loro conseguenze. La stessa figura di Eichmann descritta dalla Arendt era quella non di una belva nemica di un popolo ma di una persona tutto sommato ordinaria che sempre negando di odiare gli ebrei, riconobbe solo la colpevolezza di aver eseguito quegli ordini che arrivavano dai suoi superiori.

Quali sono i simboli per apparire più autorevole

Diversi sono i simboli capaci di attivare la nostra risposta automatica di accondiscendenza, anche quando la sostanza autentica dell'autorità non c'è affatto.

Possiamo apparire più autorevoli attraverso l'utilizzo di tre modalità:

- o Titoli
- o Abiti

- Ornamenti

Titoli

Molte persone appena scoprono il titolo di studio, lo status sociale o professionale della persona con cui si stanno approcciando come ad esempio un medico, un professore universitario, un ingegnere, un avvocato, tendono immediatamente a diventare più rispettose e remissive.

I titoli sono molto faticosi da acquisire in quanto richiedono molti anni di studio e di impegno.

Un professionista della persuasione non avrà quindi nessun problema a fregiarsi della pura e semplice etichetta, ottenendo così le stesse reazioni automatiche di deferenza.

Ecco perché al fine di ottenere un immediato rispetto, truffatori di ogni tipo si inventano titoli privi di alcun valore legale.

Abiti

Un proverbio dice: "L'abito non fa il monaco". Purtroppo, non è così. In molti casi è proprio l'abito a fare il monaco.

La nostra reazione davanti a certi tipi di abbigliamento è automatica, non conta chi li indossa.

La nostra mente tende infatti ad associare caratteristiche di personalità delle persone, sia in positivo che in negativo in base al tipo di abbigliamento da loro indossato. Vedi ad esempio, il classico vestito elegante con la cravatta. Il solo fatto di vestirsi in modo distinto conferisce una certa autorevolezza, indipendentemente da chi venga indossato.

Stessa cosa riguarda chi indossa un camice bianco. Una persona che indossa un camice bianco sarà sicuramente più persuasiva nell'esprimere un giudizio sulla salute, indipendentemente dal fatto che sia un medico o meno. È il caso degli spot pubblicitari in cui si utilizzano attori vestiti da medico per pubblicizzare prodotti quali dentifrici, spazzolini, creme di bellezza e tanto altro.

Truffa dell'ispettore bancario.

Per comprendere fino in fondo quanto le persone siano sensibili al fattore autorità, ti racconto la strategia attuata da abili truffatori a sfavore di anziane vittime.

La truffa ha inizio nel momento in cui un uomo vestito molto elegantemente si presenta alla porta dell'ignara vittima e con un tono molto professionale dichiara di essere un "ispettore" bancario. Il sedicente Bancario dice che è li per verificare le incorrettezze causate da un funzionario che falsifica i dati dei conti bancari dei vari correntisti, tra cui il suo.

L'"ispettore" chiede all'anziana vittima di andare in banca, effettuare un prelievo e ritornare a casa con il contante, così da verificare insieme il risultato dell'indagine.

Molte persone cadono nella trappola in quanto sono così influenzate dall'autorevolezza, dal bell'aspetto e dai modi convincenti dell'"ispettore" da dare per scontato che una così elegante e importante persona sia effettivamente quello che dice di essere. Non pensano neanche di telefonare in banca per chiedere conferma dell'indagine o a qualche conoscente o parente per farsi consigliare.

Una volta effettuato il prelievo e dopo circa un'ora dalla chiusura della banca, ecco arrivare una guardia giurata in uniforme che comunica all'"ispettore" che è tutto a posto. Il prelievo ha permesso di verificare che il conto non è tra quelli manomessi.

A quel punto ringraziando calorosamente la vittima della collaborazione, l'"ispettore" gli comunica che, dal momento che la banca è ormai chiusa per i correntisti, sarà compito della guardia giurata riportare i soldi in banca, così da evitargli un'ulteriore perdita di tempo l'indomani per il versamento sul conto. Con sorrisi e strette di mano, la "guardia giurata" prende i soldi dalla "vittima", lasciando l'"ispettore" (o meglio il complice) ad effettuare qualche altro minuto di convenevoli.

Ornamenti

Un bell'orologio, un gioiello di pregio, una bella macchina, sono segni esteriori che portano le persone a pensare che il possessore di quegli oggetti ha raggiunto un elevato status sociale ed un buon livello di ricchezza o di potere.

Coloro che li possiedono sono quindi inconsapevolmente posti ad un livello superiore. Se possiedono quei bei ornamenti è grazie alla loro superiore capacità ed autorità, ciò ci induce a pensare che si tratta di persone altolocate e quindi da tenere in adeguata considerazione.

Molti automobilisti in coda ad un semaforo aspettano a suonare il clacson, quando il semaforo diventa verde, se li precede una macchina di lusso, mentre se si tratta di un'utilitaria economica si fanno meno problemi a suonare.

Gli ornamenti in generale sono un efficace meccanismo per influenzare gli altri ed ottenere l'assenso.

Per quanto sopra esposto se pensi che il principio di autorità su di te non abbia nessun effetto, ti sbagli e di tanto.

Proprio il fatto di sottovalutare tale principio spiega probabilmente il perché della sua grande efficacia.

Non è neppure essenziale che l'autorità sia vera. Basta semplicemente curare molto l'estetica e presentarsi e comportarsi come personaggi possessori di una certa autorevolezza.

Attenzione quindi alle sviste, a non farti imbrogliare e soprattutto a non cadere nelle trappole della negoziazione.

7.Scarsità

Il principio di scarsità si basa sul presupposto che le risorse appaiano più desiderabili quando la loro disponibilità viene limitata, diventa introvabile o ci viene comunicato che è in via di esaurimento.

La scarsità crea quindi il valore delle cose. Questo si applica bene nell'ambito del marketing, in cui troviamo l'uso più diffuso del principio di scarsità. Nei cartelli con l'indicazione *"numero limitato"* o *"ultimi pezzi disponibili"* in cui si avvisano i clienti, (anche se in realtà ci sono ancora molti pezzi in deposito) che le scorte di un certo articolo sono in via di esaurimento oppure negli avvisi *"offerta valida per pochi giorni"* o *"l'offerta scade il"*, trascorsa la quale l'acquirente non potrà più avere quel determinato bene o servizio.

Meccanismi pubblicitari come quelli sopraindicati cercano di trarre profitto, puntando sul senso di urgenza, che ci induce a ragionare più in fretta e a prendere decisioni avventate. L'obiettivo è quello di stimolare in noi quell'interesse che forse altrimenti non sarebbe mai esistito, facendo sì che persino un oggetto o un servizio che prima non avremmo mai considerato di acquistare, in condizioni di scarsità, diviene per noi appetibile.

Le origini del principio di scarsità

La forza del principio di scarsità deriva principalmente da:

La nostra predisposizione a seguire le scorciatoie mentali. In questo caso ci basiamo sul fatto che secondo noi le cose difficili da possedere o più scarse sono di solito migliori di quelle facilmente accessibili. Molte volte prendiamo a riferimento la rarità di un certo oggetto o servizio, per stimarne rapidamente ed esattamente la qualità. Nella nostra testa riteniamo che se seguiremo questo approccio, ci ritroveremo bene.

Il senso di privazione. Man mano che le opportunità diminuiscono, noi perdiamo quel certo margine di libertà d'azione e perdere quella libertà di cui godiamo è qualcosa che non riusciamo assolutamente a sopportare. L'idea di una possibile privazione, gioca infatti un ruolo molto considerevole nei processi della decisione umana, mettendo in moto una reazione emotiva che impedisce una lucida riflessione.

Quando ci viene tolta la possibilità di avere una certa cosa, la desideriamo di più, ma difficilmente ci rendiamo conto che è la risposta alla limitazione che ci viene imposta a causare questo aumento del desiderio: tutto quello che sappiamo è che vogliamo quella cosa. Tuttavia, abbiamo bisogno di giustificare questo nostro desiderio e così cominciamo ad attribuire qualità positive alla cosa desiderata.

Un modo sicuro per riaccendere la passione di un innamorato che comincia a dare segni di indifferenza è la comparsa di un rivale: non è raro che questi venga inventato di sana pianta a tale scopo. I venditori usano una strategia del tutto simile per convincere all'acquisto i clienti indecisi. Per esempio, un agente immobiliare che sta trattando la vendita di una proprietà con un compratore che non riesce a decidersi, gli telefonerà informandolo che un altro cliente ha visto la casa, gli è piaciuta e ha fissato un appuntamento per l'indomani per discutere i dettagli del pagamento. Questo è inventato di sana pianta, il nuovo offerente di solito viene descritto come una persona ricca e prestigiosa, per stimolare ancor più invidia, gelosia e competizione. È una tattica che può avere un'efficacia straordinaria: l'idea di avere la peggio nei confronti di un rivale spesso fa cadere tutte le esitazioni e i dubbi.

Come difenderci dal principio di scarsità

Non è facile difendersi dal principio di scarsità. Anche il fatto di conoscerne il principio di funzionamento, non è condizione sufficiente per esserne protetti.

Il problema sta nel fatto che nel momento in cui notiamo esaurirsi quel bene o servizio per il quale avevamo espresso il desiderio, ecco che si manifesta in noi un senso di angoscia e ansietà.

La cosa poi si accentua in presenza di altre persone interessate alla stessa risorsa. Tutto questo fa sì che in queste situazioni diventa difficile rimanere razionali e fare le scelte giuste.

La strategia migliore per difenderci dal principio di scarsità è quella di:

- o Non farci prendere da quella ondata emotiva e sentirci costretti a procedere con un'azione, che in questo caso consiste nel dover procedere immediatamente a dover acquisire quella determinata cosa;

o Tranquillizzarci e riacquistare una visione razionale e distaccata della situazione, basata sul fatto che in una trattativa o nella gestione di un'attività, qualsiasi azione, proposta o controproposta frettolosa non è mai opportuna;

o Cercare di rendersi conto se quello che abbiamo di fronte è una situazione di scarsità autentica o inventata;

o Comprendere le reali motivazioni del perché vogliamo quella determinata cosa o meglio, capire se ha senso il fatto di dover procedere in tutta fretta a dover dire subito sì. Questo vale soprattutto in tutte quelle situazioni negoziali in cui esiste una certa incertezza, solo perché pensiamo che se non lo facciamo, quella risorsa potrebbe non essere più disponibile.

Ribadisco, difenderci dal principio di scarsità non è semplice. I sopracitati consigli non potranno metterci al sicuro dagli effetti di tale principio. La sola idea di una possibile privazione gioca infatti un ruolo molto importante nei processi della decisione umana, mettendo in moto tutta una serie di reazioni emotive e trappole psicologiche che impediscono (soprattutto a chi negozia e gestisce), di poter fare una lucida riflessione sulle corrette decisioni da prendere.

Questi sono i 7 veri pilastri della persuasione.

Come diceva Dan Kennedy: se esiste una sola qualità che un buon Marketer deve possedere, quella è l'arte della persuasione.

Ricorda che l'arte della manipolazione e della persuasione non sono né buone e né cattive, tutto dipende dal fine che si vuole raggiungere.

Manipolare una persona per spingerla a fare la cosa giusta per lei, non è un atto malvagio. Manipolarla per ottenere i propri interessi, certamente sì.

Usa tutti questi principi per far leva emotiva sui tuoi potenziali clienti, quando crei le tue inserzioni pubblicitarie o semplicemente quando scrivi una mail.

Ti meraviglierai della loro potenza all'atto pratico.

Ora facciamo un passo avanti, andiamo a toccare il ramo Social con il…

SOCIAL MEDIA MARKETING

Il 90% e più degli utenti di Facebook e Instagram usano queste piattaforme per diletto e sono spesso all'oscuro delle potenzialità che i social media offrono a livello di business. Facebook, ma anche Instagram e Google, fondano la propria economia sulla pubblicità delle aziende.

Questi mezzi infatti sono la migliore opportunità per scalare il tuo business, farti notare, acquisire potenziali clienti e convertirli.

In questo libro non parlerò di tutte le piattaforme, ma andrò ad esplorare a fondo il mondo delle Facebook ADS.

Facebook

La potenza di questo social media non deriva solo dalla sua diffusione che ha portato a oltre 2,5 miliardi di utenti.

Come ti ho spiegato prima, avere tanti utenti non conta se non riesci ad usarli attivamente per il tuo scopo.

Facebook possiede i dati di ognuno dei suoi iscritti e traccia i comportamenti di tutti.

Qualsiasi pulsante, qualsiasi inserzione, qualsiasi pagina visiti, insomma, qualsiasi azione tu compia su Facebook, viene tracciata.

Certo non pensare che ci sia una stanza piena di spioni che stanno lì a sbirciare i tuoi movimenti. Questo è tutto fatto in automatico dall'algoritmo di Facebook.

In poche parole, quando l'algoritmo vede che tu clicchi, ad esempio, su un'inserzione che sponsorizza computer, ti segmenta come persona interessata ai computer. Ecco tutto.

Ma perché tutto ciò?

Facebook usa questi dati per migliorare il suo rendimento pubblicitario.

Se tu hai una pasticceria e vuoi sponsorizzare la tua attività, potrai dire a Facebook "punta la mia inserzione solo agli appassionati di dolci" e l'algoritmo saprà in modo preciso a chi rivolgersi.

Facebook sa dove abiti, dove hai abitato, quanti anni hai, se sei uomo o donna, quanti amici stretti hai, che personalità hai, che passioni hai, che lavori hai fatto e dove.

Lo so, può sembrare assai inquietante, soprattutto se non usi la piattaforma per creare pubblicità.

Io ormai sono registrato dal 2007 e direi che la uso sempre per lavoro, ma non ti nego che se fossi un utente medio, non so quanto mi farebbe piacere questo controllo, ma sfrutto le Facebook ADS per trarne profitto e quindi direi che il compromesso lo accetto più che volentieri.

La tua azienda su Facebook

È probabile che tu sia già pratico di quest'argomento, ma mi è capitato, non raramente, di parlare con persone che credevano di aver compreso tutto e invece non avevano capito niente. Partiamo dalle basi.

Su Facebook puoi avere un profilo personale e una pagina aziendale (o anche personale).

Il profilo personale è come se rappresentasse te stesso in una piazza, mentre la pagina della tua attività è il tuo negozio all'angolo della piazza.

I profili personali possono avere amici, mentre le pagine riceveranno i "Mi Piace" e le interazioni (commenti, condivisioni) da parte dei profili personali.

Potrai sponsorizzare la tua attività, ma non il tuo profilo personale.

Ogni profilo e ogni pagina hanno una percentuale di visibilità, questo vuol dire che, ammettendo che hai 100 amici sul profilo personale e 100 follower sulla pagina, quando farai un post su entrambe le fonti (pagina e profilo), la percentuale di persone che potranno vedere il tuo post sarà molto più alta sul profilo personale.

Questo perché con il tempo Facebook, spostando il suo Core Business verso la pubblicità delle aziende, ha pensato bene di diminuire la percentuale di follower che potranno vedere ciò che fai senza che tu spenda soldi.

La piattaforma sa, che se hai quella famosa pasticceria e fai un post con la foto di una torta sulla tua pagina, molto probabilmente lo stai facendo per scopi commerciali e per questo ti limita.

La tua pagina Facebook rappresenta in tutto e per tutto la tua azienda, è la tua vetrina e in quanto tale deve essere ben curata.

Questo fattore è spesso sottovalutato perché non hai una seconda possibilità per fare una buona prima impressione e dovrai fare di tutto per coinvolgere il tuo pubblico.

I potenziali clienti che vengono a visitare la tua pagina, devono avere l'impressione di trovarsi nel tuo negozio e, se nel tuo negozio fisico non appenderesti mai un quadro bruttissimo, allo stesso modo è spiacevole stare su una pagina con una copertina brutta, foto non curate e contenuti discutibili.

La tua pagina deve essere gestita in maniera differente dal tuo profilo. Deve favorire contenuti che invoglino all'acquisto o alla scoperta del tuo prodotto, proponendo contenuti di valore ogni giorno.

Se hai già una strategia di marketing affidati ad un'agenzia che curi per te i tuoi contenuti.

Se non hai una strategia, pensa a come crearne una e poi crea i contenuti. Ricorda che un contenuto eccellente senza un obiettivo non ha senso di esistere.

Tu con la pagina stai cercando acquirenti e non follower. Dei cuori e dei pollicioni, puoi fregartene alla grande. A te interessa il profitto.

Poi certo, se vuoi i cuori... tieni <3

Il Business Manager

Fino a qualche anno fa questa parte di Facebook non esisteva e la pubblicità la si controllava dal gestore di inserzioni. Ad oggi però, essendo la pubblicità la chiave di tutto, Facebook ha dedicato alla sua gestione una nuova sezione che si chiama "Business Manager".

Il business manager è una sezione distaccata di Facebook alla quale puoi accedere solo se hai un profilo personale.

L'indirizzo di accesso è: *business.Facebook.com*

Si accede tramite il profilo e si entra in questo mondo tutto nuovo. Il Business manager è in pratica un tool attivo dal 2015 che racchiude in un'unica piattaforma tutti gli account pubblicitari, quelli aziendali, le pagine e i profili business.

Le Campagne

Nulla a che vedere con il settore agricolo! Scherzi a parte, una campagna pubblicitaria è un insieme di messaggi pubblicitari che, veicolati attraverso Facebook nel nostro caso, puntano a raggiungere un obiettivo prefissato.

In un'azienda la strategia che sta dietro ogni campagna pubblicitaria, spetta al reparto di marketing che saprà stabilire quelle più consone per raggiungere un determinato obiettivo.

Attenzione: non improvvisare! Una campagna pubblicitaria ha la forza di moltiplicare anche di 10 volte il tuo investimento pubblicitario, ma sfortunatamente per te, se male impostata, può farti perdere tutto l'investimento.

Ecco perché ho scelto questo come ultimo capitolo di questo libro. Hai bisogno di comprendere a fondo tutto quello che ti ho spiegato nelle pagine precedenti, se non vuoi navigare alla deriva.

Una volta stabilita la strategia, il reparto creativo con i suoi creatori di contenuti, sapranno creare foto, video o grafiche che dovranno riuscire ad attirare l'attenzione del tuo target.

Assicurati di realizzare un copy perfetto. Le parole, come ti ho già spiegato, fanno una differenza enorme e un post scritto male potrebbe compromettere l'esito della campagna.

Crea la prima campagna

Su Facebook avrai la possibilità, non appena crei la tua prima campagna, di scegliere tra una serie di obiettivi che sono:

Considerazione	Conversione
Traffico	Conversioni
Interazione	Vendita dei prodotti del catalogo
Installazioni dell'app	Traffico nel punto vendita
Visualizzazioni del video	**Notorietà**
Generazione di contatti	Notorietà del brand
Messaggi	Copertura

Notorietà

Obiettivi che generano interesse verso il tuo prodotto o servizio. Aumentare la notorietà del brand significa raccontare alle persone ciò che dà valore alla tua azienda. Ad esempio, Self Revolution sta per avviare una piattaforma dedicata ai videocorsi. Con l'obiettivo "Notorietà del brand", può creare una campagna che metta in luce tutti i benefici che i suoi corsi possono apportare agli studenti.

Considerazione

Obiettivi che inducono le persone a pensare alla tua azienda e a cercare maggiori informazioni in merito. Ad esempio, il sito web di Self Revolution racconta la storia dell'azienda e riporta alcune delle offerte esclusive della piattaforma. Usando l'obiettivo "Traffico", Self Revolution può creare una campagna che incoraggi le persone a visitare il sito e scoprire di più.

Conversioni

Obiettivi che incoraggiano le persone interessate alla tua azienda ad acquistare o usare il tuo prodotto o servizio. Ad esempio, hai lanciato un nuovo video corso. Usando l'obiettivo di conversione incoraggerai le persone a eseguire azioni specifiche sul tuo sito, come aggiungere articoli al carrello, scaricare l'app, registrarsi al tuo sito o effettuare un acquisto.

A mano a mano che la tua azienda cresce, gli obiettivi delle tue campagne cambiano. In un primo momento, le tue campagne devono concentrarsi sulla creazione di notorietà e sull'acquisizione di nuovi clienti. In seguito, puoi incoraggiare le persone a effettuare un acquisto o a iscriversi a un evento.

Ad oggi, nel 2020, Facebook offre, per ognuno di questi macro obiettivi, la possibilità di sceglierne uno specifico:

IMMAGINE

Ti basterà cliccare sulla "i" di informazioni per scoprire nel dettaglio cosa ti porta quel tipo di obiettivo.

Una volta che avrai scelto l'obiettivo, dai un nome alla tua campagna e ottimizzane il budget.

L'ottimizzazione del budget delle campagne fa un uso più efficiente della spesa del budget, per consentirti di ottenere i migliori risultati complessivi e garantire che il costo di tali risultati sia in linea con la tua strategia di offerta.

Come "pensa" l'algoritmo

Che differenza ci sarà nel caso tu impostassi una campagna incentrata sulla generazione del traffico piuttosto che sull'interazione?

Ricorda che tu avrai un target al quale puntare. Diciamo per ipotesi che questo target è di 1 Milione di persone.

Facebook a fronte di questo pubblico, lo andrà a restringere, puntando alle persone che secondo il suo algoritmo sono più propense a compiere un'azione piuttosto che un'altra.

In una campagna di interazione infatti, Facebook mostrerà la tua inserzione alle persone più inclini a lasciare un commento o condividere.

Con l'obiettivo traffico, punterà alle persone che sono più inclini a cliccare sull'inserzione ed essere catapultate ad un sito web esterno.

Bada bene che tutti questi obiettivi puntano tutte ad una conversione, ma nel caso delle campagne a conversione, dovremo essere noi ad esplicitare quale sarà il fattore di conversione, come un lead generato o un acquisto effettuato.

A/B Test

Quando crei una campagna pubblicitaria, sono tantissimi i fattori che non dipendono da te che possono comprometterla.

Non saprai mai quale sarà il suo esito finché non analizzerai i risultati con i dati alla mano, ecco perché inizialmente si crea la campagna secondo la strategia e una volta che la campagna è in corso, si raddirizza il tiro.

L'A/B Test è uno strumento fondamentale per la creazione di una campagna perché ti permette di valutare diverse soluzioni.

Per esempio:

Ipotizziamo tu voglia portare il tuo target a visitare il tuo sito.

Sceglierai un'immagine/video/grafica e scriverai un post inserendo la CTA.

Se tu creassi questo post singolarmente e se non funzionasse, come faresti a capire dove sta il problema?

Gli esperti di Facebook ADS infatti creano sempre un AB Test!

Con questa tecnica potrai creare 2 inserzioni perfettamente uguali ma con 2 copy diversi, in modo da poter valutare la forza delle due scelte quando la campagna sarà in corso.

Potrai addirittura dire a Facebook: Questo test dura una settimana, vince il post che ottiene più clic sul sito, fra una settimana disattiva l'inserzione con le prestazioni più basse.

L'AB Test è la manna dal cielo. Ogni sera quando andrai a dormire e le tue campagne saranno in corso, ringrazia sempre l'AB Test.

Gruppi di inserzioni

Una pianificazione pubblicitaria su Facebook è composta da tre parti:

Campagna -> Gruppo di inserzioni -> Singola inserzione

Ogni campagna ti dà la possibilità di creare più gruppi di inserzioni, questo per poter effettuare diversi test che non siano solo A/B Test.

All'interno del gruppo di inserzioni potrai targetizzare un pubblico, gestire il tuo budget e programmare la tua inserzione.

Creando quindi diversi gruppi potrai per esempio valutare se un pubblico risponde meglio di un altro alla tua inserzione.

Per migliorare le prestazioni della pubblicità puoi combinare tra loro gruppi di inserzioni e campagne simili.

Al momento dell'avvio di una campagna, ogni gruppo di inserzioni passa per una fase di apprendimento iniziale che consente di ottimizzarne le prestazioni.

Pubblicando diversi gruppi di inserzioni nello stesso momento ogni gruppo otterrà minori risultati, questo perché il budget della campagna sarà diviso per ogni gruppo di inserzioni.

In questo caso, prima che il sistema di pubblicazione riesca a ottimizzare al meglio le prestazioni, un minor numero di gruppi di inserzioni supererà la fase di apprendimento e la spesa di budget risulterà maggiore.

Combinando più gruppi di inserzioni puoi ottenere i risultati che desideri in modo più rapido, e vederli stabilizzare in tempi più brevi.

Di certo ti starai chiedendo cosa sia la fase d'apprendimento. Non è altro che una fase durante la quale l'algoritmo di Facebook, dopo aver dato il via alle inserzioni, raccoglie dati per capire quale tipo di target funziona meglio.

Cambiare dei parametri dell'inserzione, potrebbe riportare campagne ben avviate di nuovo in una fase di apprendimento, abbassandone le prestazioni. Lo vedremo meglio tra qualche pagina.

Inserzioni

L'inserzione è in pratica il post che vedrà il pubblico che hai targettizzato.

È in questa sezione che andrai a mettere in atto la tua creatività!

Attenzione però a non trasformarti in quel creativo convinto di aver tirato il coniglio fuori dal cappello, ma invece ha realizzato qualcosa di inutile.

Ricorda che il valore della tua creatività si misura in numeri, conversioni, interazioni e successo della campagna e non nella qualità delle pacche ti dai da solo sulla spalla.

A prescindere dal tipo di contenuto che vuoi usare, ovvero video o immagini, Facebook offre formati pubblicitari ideali per l'obiettivo che vuoi raggiungere.

Ecco tutti i tipi di inserzione che Facebook ti dà la possibilità di creare:

- Video
- Immagine
- Raccolta
- Carosello
- Esperienza Interattiva
- Inserzioni per acquisizione contatti

Analizziamole:

Video: probabilmente è il tipo di inserzione più coinvolgente per il tuo pubblico. Ti permette di raccontare la tua storia e metterci la faccia.

Immagine: con questo tipo di inserzione potrai pubblicare una foto o un elemento grafico che possa attirare l'attenzione del tuo pubblico.

Raccolta: La raccolta è un formato pubblicitario che consente alle persone di scoprire, visualizzare e acquistare con più facilità prodotti e servizi dal loro dispositivo mobile tramite un'esperienza visiva e immersiva. Di solito la raccolta comprende un'immagine o un video di copertina seguito da diverse immagini del prodotto. Quando una persona clicca su questo tipo di inserzione viene indirizzata a un'esperienza interattiva a schermo intero che aumenta le interazioni e coltiva l'interesse e l'intenzione.

Carosello: Il formato carosello ti consente di mostrare fino a dieci immagini o video all'interno di una sola inserzione, con un link per ciascun contenuto. Avendo a disposizione uno spazio maggiore per le creatività all'interno di un'inserzione, puoi mostrare prodotti diversi, evidenziare specifici dettagli di un prodotto, di un servizio o di una promozione, oppure raccontare una storia sul tuo brand che si dispiega in ogni unità del carosello.

Esperienza interattiva: L'esperienza interattiva è un'esperienza a schermo intero successiva al clic che consente di far prendere "vita al tuo brand" o ai tuoi prodotti e servizi su mobile. Con un'esperienza interattiva, le persone possono guardare video e foto coinvolgenti, scorrere i carosello, compilare un modulo, visualizzare rapidamente i tuoi prodotti e scoprire immagini della vita quotidiana con i prodotti taggati. Può essere usata con quasi tutti i formati pubblicitari di Facebook: carosello, immagine singola, video, slideshow e raccolta.

Inserzioni per acquisizione contatti: questa è un'ottima soluzione per l'acquisizione contatti. Basterà toccare la tua inserzione per visualizzare un modulo precompilato con le loro informazioni di contatto su Facebook, pronto per essere inviato direttamente a te. In pochi passaggi, gli utenti possono ricevere le informazioni che desiderano e tu puoi generare un contatto qualificato per la tua azienda.

Ricorda che a capo di ogni tipo di scelta che potrai fare deve essere sempre ben chiaro l'obiettivo.

Come dice Bill Gates, "Content is King", ed è vero quando in partenza è ben chiaro dove vogliamo arrivare. Non esiste vento favorevole per il marinaio che non sa dove andare, chiaro?

Remarketing

Con questo termine s'intende quel tipo di pubblicità mirata ad un target specifico che ha già interagito con te sul web, come per esempio, aver visitato il tuo sito. Ecco un semplice schema:

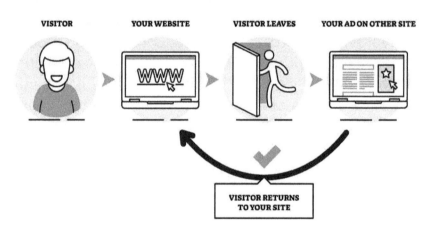

Questa tecnica è di estrema importanza e di altissima conversione.

Permette di mantenere visibile il tuo brand agli occhi di quei potenziali clienti che già hanno avuto un'interazione con te.

Questo crea assoluta onnipresenza perché, una storia è puntare a caso e quindi far vedere la tua inserzione a 10.000 persone per una volta; tutt'altra sarà mostrare a 10 persone la tua inserzione per 20 volte.

Comprendi il potenziale?

Si stima che solamente l'1-2% del traffico web viene convertito alla prima visita.

Le tue inserzioni diventeranno come un promemoria per il target che sarà invitato a visitare ancora il tuo sito, fin quando non deciderà di acquistare.

Fare re-marketing su Facebook ti darà la possibilità di segmentare il tuo target e ottimizzare le tue campagne pubblicitarie, raggiungendo risultati più pertinenti al tuo scopo.

Queste persone saranno raggruppate e andranno a formare il tuo pubblico scelto.

Ma come fa Facebook a sapere chi ha visitato il tuo sito internet?

Il re-marketing non punta soltanto al sito, ma anche alla tua pagina di Facebook e fin qui non ci sono problemi perché Facebook è in già in possesso dei dati di accesso dei singoli utenti alle pagine.

Per quanto riguarda invece il tuo sito, Facebook non sa automaticamente chi lo ha visitato né tantomeno il suo comportamento.

Ecco che ci viene in aiuto il suo Pixel.

Pixel di Facebook

Il pixel è un codice pensato da Facebook per monitorare le azioni sul tuo sito web. Settando il pixel sul tuo sito lo connetterai direttamente a Facebook e potrai impostarlo su diverse azioni.

Potrai per esempio dire al pixel di tracciare tutti gli utenti che cliccano sul pulsantino "aggiungi al carrello".

In questo modo Facebook saprà chi sono queste persone e potrà raggiungerle con le tue inserzioni!

Tu potrai crearne una che punta a tutti coloro che hanno aggiunto il tuo prodotto al carrello e dire al tuo potenziale acquirente:

"Ho visto che hai inserito questo prodotto nel carrello! Se hai bisogno di aiuto ti ricordo che puoi contattare l'assistenza h24"

In questo modo l'utente non potrà mai dimenticarti e tu raggiungerai una percentuale di conversione estremamente più alta rispetto ad una selezione di un pubblico ancora non segmentato.

Inizialmente però, bisogna fare attenzione. Una campagna di remarketing punta ad un numero veramente piccolo di persone, dovrai quindi monitorare il suo andamento e valutare i risultati di volta in volta.

Installare il Pixel

L'installazione di questo algoritmo non è complicata e si può fare in diversi modi.

Se non sei pratico di siti internet, codici, wordpress e compagnia cantante, rivolgiti a chi ti ha realizzato il sito chiedendo di installare e settare il pixel nelle varie pagine.

Un programmatore saprà come installarlo ma nella maggior parte dei casi non saprà costruire una strategia che possa sfruttarlo al meglio. Questa cosa devi farla tu o il tuo reparto di marketing.

Se non hai un reparto di marketing o un consulente di marketing, è bene cominciare a cercarne uno

Se ne hai uno che non ti ha suggerito di installare il pixel di facebook, licenzialo immediatamente.

Vediamo adesso 2 metodi che puoi usare per installare il pixel:

Metodo 1

Su WordPress potrai installare un plug in che si chiama "Official Facebook Pixel".

Questo plug in è di semplicissima configurazione, ti basterà leggere con attenzione tutto ciò che ti chiede per settarlo e sarà un gioco da ragazzi.

Guarda qualche video su YouTube come ho fatto io, ce ne sono diversi che ti spiegano passo passo come fare.

Metodo 2

Il metodo 2 consiste nell'agire sul codice di ogni pagina e copiare e incollare il codice dell'algoritmo del pixel direttamente all'interno del codice del sito.

Può sembrarti complicato, in realtà ti basterà installare sul tuo Wordpress un Plug In che si chiama *"header and footer and post injection"* che ti permetterà di agire direttamente sul codice di header and footer di ogni pagina e incollare il codice pixel generato da Facebook.

Consiglio: Il pixel come avrai capito è un elemento essenziale e non ne puoi assolutamente fare a meno.

La sua importanza diventa cruciale nelle campagne a conversione dedicate per esempio all'acquisto di un prodotto.

Con questo tipo di campagne punterai ad un pubblico che vorrai portare direttamente all'acquisto.

Ricorda che la percentuale di conversione di queste persone è molto bassa, ti consiglio quindi di partire con un pubblico in target di almeno 5 o 6 milioni di persone.

Scarica il plug in per chrome che si chiama "facebook pixel helper" che ti permetterà di scoprire se nella pagina sulla quale stai navigando è attivo il pixel di Facebook che sta tracciando i tuoi dati.

Ogni pixel che andrai a creare dovrà essere assegnato ad un account pubblicitario. Senza questo passaggio non sarai in grado di creare campagne a conversione.

Consiglio spassionato: l'argomento pixel di facebook è assai complesso e posso garantirti che in giro per il web troverai tantissimi video che ti spiegano in che modo installarlo e configurarlo, ma per il fine che ti interessa farai un'enorme fatica a comprendere in che modo ottimizzarlo al meglio.

Te lo dico per esperienza, io ci ho messo giorni prima di riuscire a capire come farlo funzionare per il mio scopo, fin quando non ho deciso di spendere 2.000€ per 2 ore di consulenza con un esperto che mi ha spiegato per filo e per segno in che modo lavorare.

Se vuoi comprendere a fondo in che modo funziona, e come settare il pixel di facebook, vai sul sito www.selfrevolution.it alla sezione "consulenza", scegli il pacchetto che ritieni più adatto alle tue esigenze e contattami.

Ti darò una mano a comprenderne il funzionamento e se vorrai potrai delegarmi tutto il lavoro.

Gli insight

Per monitorare la tua pagina potrai accedere agli insight visuali, di comprensione praticamente immediata.

In questi insight troverai:

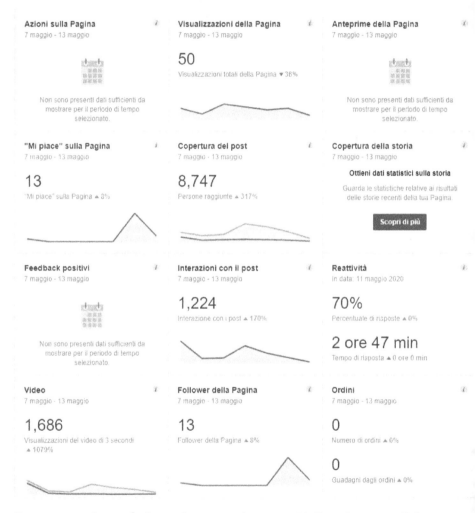

Panoramica: è la prima sezione e ti fornisce un'idea generale delle performance della tua pagina nell'ultimo periodo.

Potrai vedere quali e quante azioni sono state compiute sulla pagina e quante persone l'hanno visualizzata, i mi piace ottenuti e le varie interazioni.

Mi Piace: in questa sezione potrai analizzare l'andamento dei "mi piace" della tua pagina e capire quanto la tua fanbase sia progredita nel tempo.

Potrai inoltre analizzare i mi piace ricevuti organicamente e quelli a pagamento (ossia quelli che ti hanno raggiunto attraverso le inserzioni).

Copertura del post: questo numero ci dice quante persone sono state raggiunte dai tuoi post.

Per la copertura della storia, vale lo stesso discorso.

Interazione con i post: ci dice quante persone hanno avuto un qualsiasi tipo di interazione con i tuoi post.

Valgono i commenti, le condivisioni e i mi piace.

La reattività è un fattore molto importante. Sta ad indicare, dopo quanto tempo in media, rispondi ad un messaggio che ti arriva sulla pagina e con quale percentuale.

ATTENZIONE: tutte queste statistiche sono molto generiche, vanno bene per una comprensione iniziale, ma ottimizzare una campagna pubblicitaria è tutt'altra storia.

Non dovrai andare negli insight della pagina per monitorare una campagna, ma farlo direttamente dal business manager e interpretare i valori.

Dovrai valutare un gruppo di inserzioni per volta, capire qual è l'interesse che si è rivelato più profittevole e così via, te lo spiego meglio fra un secondo.

Strategie per scalare una campagna

L'algoritmo di Facebook non è di semplicissima e immediata comprensione e ha la "simpatica" abitudine di cambiare con estrema rapidità.

Quello che oggi ti spiego, non è detto che funzioni allo stesso modo tra un anno o, se siamo proprio sfortunati, anche tra 1 giorno.

Come funziona Facebook?

L'interesse di Facebook è fare in modo che l'utente possa rimanere sulla sua piattaforma il più tempo possibile, non perché Mark ha manie di grandezza (o forse sì) ma perché quando tu sei su Facebook, vedrai più pubblicità e la piattaforma vive proprio grazie agli inserzionisti.

A Facebook piacciono i post che hanno molta interazione e coinvolgono molte persone, perché più coinvolgimento = più permanenza = più soldi.

Quando costruisci una campagna pubblicitaria e imposti un budget, quei soldi non vengono spesi in ogni caso allo stesso modo, ma la spesa varia in funzione di una serie di parametri, primo tra tutti: l'interazione.

Facebook non può mostrare tutto a tutti, allora deve scegliere a chi mostrare cosa.

Il sistema è quello dell'asta.

Immagina uno spazio pubblicitario su Facebook come un cartellone stradale 2.0.

Ci sono più persone che vogliono quel cartellone e, nel momento in cui Facebook dovrà decidere chi mostrare in quello spazio, farà un'asta. Chi offre di più vince.

Attenzione però, se io e te offriamo lo stesso, chi vince?

Vince l'inserzione che fa più interazione, ossia quella che fa guadagnare di più Facebook.

Una buona inserzione che si dimostra coinvolgente, dovrà spendere molti meno soldi per gareggiare con concorrenti che entrano in gioco con contenuti scadenti.

Ecco perché una delle regole fondamentali per la pubblicità è: *non sponsorizzare qualcosa che non funziona.*

Come ti ho già spiegato, la sua efficienza non puoi prevederla dal principio, ecco perché questa valutazione è la prima cosa da fare.

Se già dalla prima settimana i tuoi risultati sono così scarsi in relazione all'obiettivo che ti sei posto, allora c'è qualcosa che non va.

Quando parlo di risultati scarsi, mi riferisco a quelle campagne dedicate ad un pubblico freddo che con 10€ non raggiungono le 10.000 persone.

Assicurati che la foto o il video che hai scelto siano accattivanti e che catturino l'occhio di chi guarda.

Budget

Quando farai partire una campagna avrà bisogno di tempo per andare a regime e quando, dopo qualche giorno si sarà stabilizzata, cerca di non modificarla in modo aggressivo, questo anche per quanto riguarda il budget.

Ogni gruppo di inserzione all'interno di una campagna prevede delle "fasi di apprendimento". In una fase iniziale l'algoritmo invierà tutte le inserzioni direttamente al target e quando avrà raccolto dati a sufficienza, la campagna si ottimizzerà di conseguenza.

Se lo andrai a modificare drasticamente, farai ripartire la fase di apprendimento e le prestazioni calerebbero piuttosto che aumentare. Alza il budget al massimo di un 20-30% ogni 3 o 4 giorni.

Se vorrai incrementare drasticamente il budget di una campagna che si rivela molto profittevole, non agire sulla stessa, piuttosto duplicala. Modifica il budget della nuova campagna impostandone uno che va da 5 a 15 volte il costo dell'acquisizione del tuo lead o comunque della tua conversione (sia essa volta ad acquisire contatti o a direttamente alla vendita finale)

Esempio: se dalla tua precedente campagna hai notato che acquisire un Lead ti costa 5€, per la nuova campagna imposta un budget che va da 25€ a 75€.

Questo sempre se la tua campagna si rivela profittevole.

Ora la domanda da un milione di dollari:

Quanto budget devo spendere per ogni campagna?

Esattamente il contrario di ciò che pensi, ma partiamo dall'inizio.

Per ogni campagna che realizzerai, non avrà importanza quanti soldi spenderai, bensì il ritorno sull'investimento, che Facebook chiama ROAS.

I grandi imprenditori e investitori, cercano sempre di spendere più soldi possibili per i loro investimenti a fronte di un ritorno maggiore.

Mi spiego meglio per farti interiorizzare il concetto.

È meglio investire 100€ per guadagnarne 110, piuttosto che investire 1€ per guadagnarne 3.

Perché?

È ovvio, nel primo caso ho guadagnato 10€ e nel secondo 2. Ecco che non importa quanto spendi, ma il profitto che ne ricavi.

Per quanto riguarda le campagne su Facebook dovrai valutare il ROAS che è espresso con un numero che indica il rapporto di profitto, questo vuol dire che a fronte di un indicatore di valore 1, avrai speso 1€ per guadagnare 1€ quindi il profitto è zero e, con un indicatore 2 avrai speso 1 per guadagnare 2.

In pratica:

SPESA	ROAS	PROFITTO
10€	2	20€
150€	1,5	225€

Campagne differenti performeranno in modo differente e al contrario di ciò che ti aspetti, investire più budget per una campagna non sempre ti porta risultati migliori.

Come ti ho spiegato l'algoritmo pubblicitario di Facebook funziona con le aste.

Quando noi impostiamo una campagna con "prezzo inferiore", l'algoritmo punterà a diversi pubblici.

Se imposti un budget di 100€ al giorno l'algoritmo riuscirà a trovare un sottoinsieme di persone che per ogni acquisto del tuo prodotto costeranno per esempio 10€.

Se questo costo è inferiore al tuo guadagno andrai in profitto.

Se investi 1000€ al giorno Facebook saturerà presto il sottoinsieme di persone che richiedono 10€ per la conversione e punterà ad un altro pubblico che magari ne richiede 12, poi 13 e così via.

Per la legge dei grandi numeri, in questo modo la percentuale di profitto cala. Per queste campagne quindi il ROAS indicato sarà più basso, ma il profitto totale netto sarà più alto.

Ha senso impostare campagne con un budget che va da 30€ a 200€ al giorno, ma se il budget a tua disposizione è molto più alto, nessuno ti vieta di investirlo tutto per avere certamente un ritorno sull'investimento minore in percentuale, ma maggiore in profitto.

La scelta è esattamente questa:

Scelgo di investire 10€ e guadagnarne 20 con un ROAS di 2 e un profitto di 10€ o preferisco investirne 1000 e guadagnarne 1200 con un ROAS di 1.2 e un profitto di 200€?

ATTENZIONE: Valutando ciò che ti ho appena detto, la scelta più saggia da fare è quella di destinare più budget per più campagne.

Se hai 1000€ da investire non puntarli tutti su una sola campagna, ma duplica le campagne profittevoli che hai in modo da distribuire questi 1000€ su 10 campagne da 100€, in questo modo il ROAS per ogni singola campagna sarà più elevato e il profitto finale di conseguenza sarà maggiore.

Analisi del contenuto

Devi bucare lo schermo e farti percepire come diverso.

Se ti omologherai a tutte le migliaia di inserzioni che stimolano gli occhi del tuo target ogni minuto, stai certo che la sua mente in automatico cestinerà l'eventuale interesse. In questo caso devi essere veramente la mucca viola, non puoi passare inosservato!

E se non funziona?

Se sei certo che ciò che stai mostrando funziona e attira l'attenzione, allora valuta il copy.

Il testo che hai scritto è abbastanza persuasivo? Sei certo che in funzione del tuo obiettivo e in relazione alla consapevolezza del tuo target hai scelto le parole giuste?

Hai detto qualcosa di troppo? Mancano delle informazioni?

Se anche questo aspetto ritieni possa andare bene, potresti aver fatto qualche errore nell'impostazione del tuo target.

Ricorda che se il contenuto del post non è efficace e di conseguenza efficiente, la tua campagna sarà penalizzata da Facebook.

Ricorda però che quando crei una campagna, non andrai mai a creare un solo pubblico o una sola inserzione. Sarà difficile quindi ritrovarti nella condizione che nessuno dei tuoi ad set funzioni.

Se sarà veramente così, allora l'errore c'è di sicuro e dovrai trovarlo.

Interessi

È cosa buona e giusta, quando si costruisce una campagna, non abusare del campo interessi.

Questo perché, se per esempio vendi auto sportive e fai una campagna impostando negli interessi "appassionati di Ferrari" – "appassionati di Lamborghini" – "appassionati di Maserati", come farai a valutare successivamente quali di questi interessi in realtà si dimostra più performante?

Potresti avere avuto per esempio 10 interazioni, ma non sapere quali degli appassionati ha mostrato interesse.

Realizzando invece 3 gruppi di inserzioni diverse, potrai valutare singolarmente l'efficienza di ogni target e magari chiudere del tutto quelli meno profittevoli.

Questo discorso vale per tutti i tipi di campagna su Facebook e per ogni tipo di business.

Scegli gli interessi principali e dopo aver creato il primo gruppo, duplicalo e modifica i parametri che vuoi monitorare.

Quando ti sarai reso conto che ci sono degli interessi che tirano più di altri, puoi pensare di duplicare la campagna più performante e targetizzare interessi simili.

Lookalike

Facebook ti dà la possibilità di puntare ad un pubblico simile ad uno che ha già interagito con te, o che già compiuto l'azione che stai cercando.

Potresti puntare ad un pubblico simile a quello che ha già interagito con la tua pagina o con il tuo sito internet (questo come sai, Facebook lo sa attraverso il pixel).

Crea un pubblico simile nel momento in cui hai a disposizione un riferimento consistente.

Se punterai ad un pubblico simile quando il riferimento è di 3 persone, i risultati potrebbero essere disastrosi.

Se vendi integratori, le prime 3 persone potrebbero essere totalmente diverse tra loro e con interessi diversi. L'algoritmo quindi potrà trovare persone simili e con comportamenti simili a queste 3 che però non saranno per niente coinvolte come ci si aspetta.

Ecco perché ti suggerisco di avere almeno 1000-1500 persone come riferimento prima di creare un pubblico lookalike.

Variazioni

Quando trovi il gruppo perfetto, non ti fermare, duplicalo e prova a stimolarlo con immagini differenti, copy differenti o magari un pulsante di call to action differente, perché quella che ora ti sembra un AD profittevole, potrebbe rivelarsi una gallina dalle uova d'oro.

Con il tempo, più persone avranno interagito con te, più aumenterà il numero delle persone con le quali potrai fare re-marketing.

Crea una campagna di interazione dedicata solo a loro con un budget inferiore a quello usato per la conversione.

Angoli

Anche qui andremo a variare come nel caso sopra. Questa volta però ne cambieremo le modalità, magari realizzando un'inserzione differente. Usando un video piuttosto che una foto e cambiando il relativo il copy.

Questo perché il nostro target, per quanto specifico possa essere, sarà composto da una moltitudine di persone e personalità e il nostro scopo sarà quello di andare ad attaccare la nostra nicchia da più angoli possibili.

Retargeting

Ti ho già spiegato qualche riga sopra come funziona questo strumento. È d'obbligo da inserire nelle strategie per scalare una campagna.

Se le strategie spiegate finora ti consentono di aumentare il tuo potenziale pubblico, la strategia di retargeting mirerà a farti penetrare la mente di chi già ti conosce.

Le campagne di remarketing sono spesso e volentieri volte alla conversione, questo perché è molto più semplice convertire persone che già sanno della tua esistenza e hanno già interagito con te.

Una strategia potrebbe essere quella di creare una campagna a conversione ed un'altra a interazione, così potrai segmentare ulteriormente il tuo pubblico in retarget. Questa mossa ti metterà davanti una serie di persone che sono quelle con la più alta percentuale di conversione possibile (obiettivo finale).

Dedica a questa variante il 50% del budget che hai usato per la conversione.

La struttura ideale di una campagna

Una campagna ideale sarà composta dal almeno 5 o 6 AD Set (Gruppi di inserzioni) con i quali andrai a targetizzare differenti pubblici e differenti interessi.

Per ogni AD set andrai a costruire 5 o 6 inserzioni dedicate ad ogni pubblico scelto, testando il copy, il formato del contenuto, il testo delle CTA ecc.

Solo in questo modo potrai ottenere dati a sufficienza per poter analizzare la reale efficienza della campagna e di tutti i gruppi di inserzioni (e inserzioni) al suo interno.

Lead Generation con Facebook ADS

Ci sono due possibilità per avviare una campagna finalizzata alla lead generation su Facebook.

Potrai creare una campagna a conversione o una a generazione contatti.

La prima ti permette un maggiore controllo e la generazione di contatti di "migliore qualità", questo perché grazie ad una campagna a conversione, potrai reindirizzare i tuoi lead potenziali direttamente alla tua landing page, progettata appositamente per loro.

Con una campagna a generazione contatti invece, sarai obbligato ad utilizzare un modulo di acquisizione messo a disposizione da facebook.

Quando e se utilizzerai una campagna ti questo tipo, avrai la possibilità di scegliere tra "volume maggiore" e "intenzione più elevata".

La differenza tra queste due modalità sta nel fatto che usando il secondo tipo, i tuoi potenziali lead dovranno fare un passaggio in più per completare l'inserimento del loro dati. Questo li rende contatti più consapevoli e più qualificati.

Magari in una fase iniziale potrai scegliere "volume maggiore" e generare più contatti possibili senza interporre ulteriori ostacoli alla conversione.

Ricorda sempre: più informazioni chiederai a freddo, minore sarà il numero di lead che riuscirai ad ottenere per lo stesso prezzo e maggiore sarà la loro qualità.

Il mio consiglio è chiedere esclusivamente nome, cognome e indirizzo email (in certi casi anche solo l'indirizzo email) a un contatto freddo. Successivamente potrai offrire ulteriore valore in cambio di un numero di telefono che permetterà al tuo team vendita di contattare direttamente il potenziale cliente e chiudere un contratto o vendergli un prodotto.

Il vantaggio di creare una campagna di generazione contatti sta anche nel fatto che quando il lead interagirà con la tua inserzione, quando comparirà il modulo per l'inserimento contatti, questo sarà già pre-compilato con i dati che lui ha registrato su Facebook.

Ciò comporta una minore interazione del lead ed un aumento notevole della percentuale di successo.

Potrai scaricare i contatti generati dalla libreria moduli, o dalla gestione delle inserzioni.

INSERZIONI CHE CONVERTONO

Come hai visto ci sono svariate possibilità per creare una campagna pubblicitaria in relazione all'obiettivo prefissato, ma la cosa certa è che il fine ultimo sarà sempre quello di attirare l'attenzione del cliente e convincerlo ad interagire con il tuo annuncio pubblicitario per trasformarlo in cliente pagante.

Quando scrivi un annuncio per Facebook avrai a disposizione 500 caratteri, ma considera che l'attenzione del cliente si soffermerà sulle prime 2 o 3 righe di testo.

È complicato anzi, direi veramente impossibile schematizzare il come si realizza un annuncio che converte in poche pagine, anche perché in gioco entrano numerosi fattori, da un'ottima conoscenza del copywriting ad una comprensione solida della psicologia umana.

Ci sono però delle tecniche che potrai applicare per aumentare l'interazione e quindi la conversione dei tuoi annunci pubblicitari.

Ogni annuncio è composto da 6 parti fondamentali e nessuna di questa deve essere lasciata al caso. Ecco quali sono:

- Titolo
- Testo (Copy persuasivo di max 500 caratteri)
- Contenuto Creativo
- Link/Dominio
- Descrizione
- CTA (Call to action)

La creatività

La creatività è l'insieme delle parti della tua inserzione, dalla headline all'immagine alla descrizione ecc.

Le immagini/video sono la parte più importante di un'inserzione.

Il cervello elabora le immagini 60.000 volte più velocemente dei testi.

L'immagine ha il potere di stoppare lo scrolling di chi guarda e questo è di vitale importanza per il successo di un annuncio.

Una buona prassi è quella di usare colori molto vivaci che dovranno bucare lo schermo e distinguersi dall'infinità di immagini che si trovano sopra e sotto la tua.

Lo Sfondo dell'immagine deve essere in contrasto con lo sfondo bianco di Facebook (in questo caso) e il colore del soggetto dell'immagine deve contrastare lo sfondo dell'annuncio.

Una buona tecnica è quella di usare colori complementari come Giallo/Blu o Verde/Rosso ecc.

Un soggetto bianco contrasta con ogni tipo di colore.

Un altro suggerimento è quello di usare una call to action unitamente al problema direttamente sull'immagine. Ricorda che ripetere continuamente il messaggio lo stamperà nella testa delle persone.

Esempio: Addio grasso in eccesso (per un prodotto dimagrante) – Ordina adesso

Il desiderio

Arrivato a questo punto avrai compreso a fondo quanto sia importante conoscere il pubblico al quale ti stai rivolgendo.

Nelle inserzioni, se non ti rivolgi ad un pubblico che conosce il tuo brand, devi far leva su triggers psicologici che, come ti ho anticipato, fermano lo scroll in bacheca.

Tieni presente che l'uomo è egoista, pigro, pensa al soddisfacimento dei suoi bisogni ed è il risultato di ciò che lo circonda.

Per comprendere quali sono i triggers psicologici ai quali affidarci, ti mostro la piramide di Maslow (Psicologo americano) che stabilisce quali sono i bisogni primari dell'essere umano

La piramide non solo ti permette di individuare alcuni schemi per realizzare inserzioni che convertono, ma fornisce alcune delle principali nicchie di mercato più profittevoli.

I triggers psicologici utilizzabili sono:

- invidia
- curiosità
- rabbia
- complotto
- storia quotidiana

Quando ti rivolgi ad un pubblico freddo la leva più potente è quella della curiosità.

Non dovrai mai rivelare tutti i dettagli del tuo prodotto o del tuo servizio.

Per fare un'analogia pensa a quando vai al ristorante e ti offrono uno stuzzichino.

Se le porzioni saranno troppo abbondanti, sazieranno la tua fame e spegneranno la tua curiosità.

Il tuo compito invece è di offrire un pezzetto di formaggio su uno stuzzicadenti, in modo da amplificare ancora di più la fame e il desiderio.

Proviamo a costruire insieme un'inserzione basata sulla curiosità per un corso di inglese tenendo ben fermi i punti saldi, ossia:

Curiosità: non forniremo la soluzione nè riveleremo il prodotto.

Riprova sociale: La soluzione sta spopolando.

Autorevolezza: Sta spopolando tra le persone del settore.

Semplicità (L'uomo è pigro).

Headline "copy coinvolgente"

In pratica:

Headline: La soluzione definitiva per imparare l'inglese in fretta. (Ti concentri sulla soluzione e sulla rapidità)

Testo: Questa soluzione sta spopolando in tutte le scuole di inglese e i professori l'adorano, garantisce ottimi risultati applicando un metodo semplice e a prova di bambino.

(La soluzione è potente, ma di che si tratta?)

Scopri ora, clicca sull'immagine in basso.

IMMAGINE: Accattivante e con colori contrastanti in modo da attirare l'attenzione e che non sia l'immagine del tuo prodotto (soprattutto a freddo) ma qualcosa di attinente.

Link al tuo sito.

Descrizione: Parla come un Lord Inglese in 3 mesi.

CTA: Scopri di più (che aumenta l'effetto curiosità).

Adesso realizziamone una usando la teoria del complotto per un integratore alimentare:

Headline: Attenta! Ti stanno mentendo da anni!

Testo: Scopri qual è l'unico vero rimedio al grasso in eccesso che nessuno ti ha mai rivelato!

Clicca l'immagine e scopri di più

IMMAGINE (Valgono sempre gli stessi principi)

Sito: www.bastagrasso.it

Descrizione: L'unico vero e testato rimedio al grasso in eccesso celato dalle multinazionali.

NON DIMENTICARE:

Dal momento in cui sei riuscito a bloccare lo scroll, la headline è tutto!

Riassumi in poche parole: curiosità, bisogno primario e autorevolezza.

Ti lascio giusto qualche altro esempio prima di proseguire al prossimo capitolo:

- Medici scioccati dal nuovo rimedio che sgonfia tutto il corpo.
- Acne addio, ecco il rimedio che renderà la pelle del tuo viso liscia come quella di un bambino.
- Il dispositivo che ha sbancato in USA arriva anche in Italia.
- Il metodo definitivo per ricordare tutto quello che leggi.
- Basta mal di schiena. Arriva in Italia la soluzione che ha sconvolto l'America.

Costruire annunci rispettando questi punti è la chiave per la conversione e il profitto.

IL RE DEI FORMATI

I contenuti che potrai offrire ai tuoi potenziali lead per attirarli o per educarli sono svariati e dipendono molto dall'obiettivo che vuoi raggiungere.

Esistono 4 tipi di contenuti fondamentali, quelli che:

- fanno divertire
- educano
- ispirano
- convincono

Certi contenuti funzionano meglio di altri per determinati scopi.

Ciò che dovresti sempre ricordare (e che già ti ho detto nel capitolo dedicato all'email marketing) è che chi guarda i tuoi contenuti ha bisogno di essere coinvolto.

Esiste una matrice che racchiude tutti i tipi di contenuti realizzabili e si chiama "The Content Marketing Matrix".

E' una rappresentazione grafica suddivisa in 4 quadranti, i quali derivano dai 2 driver della conoscenza (awerness) e dell'acquisto (purchase). A partire da questi 2 aspetti potrai scegliere come impostare la tua strategia di content marketing, per poi passare alla scelta del tone of voice, che potrà essere emozionale o razionale.

Eccola:

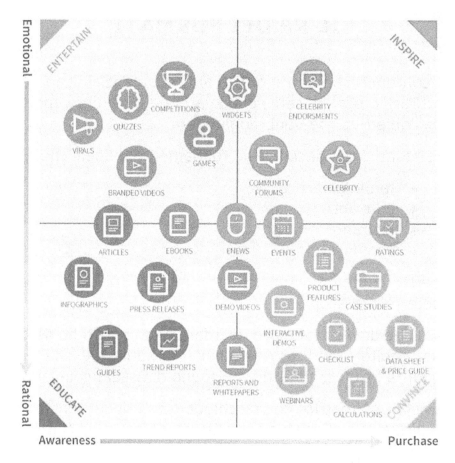

I contenuti sono tanti, ma qual è il formato migliore per veicolarli?

Senza dubbio il VIDEO.

Un video può essere informativo, rendere chiare le tue intenzioni o può semplicemente divertire!

Con un video ci puoi mettere la faccia e aumentare a dismisura il potere di conversione.

Ma come realizzare un video e di che tipo?

Ha senso realizzare uno spot pubblicitario come fanno i grandi Brand?

Il ragionamento da fare quando si realizza un video, sembra non essere chiaro a tutti.

Se la tua è una piccola attività, realizzare uno spot pubblicitario come fa Coca Cola o Ferrero con la Nutella ti trasporterà presto in questa situazione:

Spenderai dai 1.000€ ai 15.000€ per un video bellissimo, ma quanto sarebbe proficuo questo approccio per te e la tua azienda?

Coca Cola e tutte le grandissime aziende, realizzano spot che puntano esclusivamente al Brand Positioning e spendono centinaia di migliaia di euro per la realizzazione dello spot e milioni per la diffusione.

Sei sicuro che spendere 5.000€ per uno spot di 30 secondi o un minuto di qualità cinematografica, sia meglio che spendere 10€ per un video che ti fai da solo per poi investire 5.000€ in pubblicità o per creare una strategia di Marketing?

Questo ragionamento mi duole farlo, anche perché ho curato tante produzioni video di alto livello per diversi anni.

Il problema principale, quando mi dedicavo a quest'attività, era che io, con i miei video, ero un costo per l'azienda e non un investimento.

Quando realizzi un video bellissimo ma alle spalle non hai una strategia di marketing, non sai dove appoggiarlo e come farlo fruttare.

Non puoi fare le stesse scelte di Coca Cola semplicemente perché non sei Coca Cola.

MA! C'è un ma.

Il video è, e resterà a lungo, il re di tutti i formati, il più adatto a raccontare la tua storia, il più emozionante. Ti farà ridere o ti farà piangere in un attimo. Arriverà al tuo cuore meglio di 1000 parole e riuscirà a persuaderti sempre e comunque.

Lo spettatore è spiazzato di fronte a un video fatto come si deve e, quando dico fatto come si deve, non intendo bello, intendo il video giusto per le persone giuste.

Realizzare un AD video inoltre, ti dà il vantaggio di poter creare un pubblico personalizzato di persone che hanno interagito con esso o che ne hanno guardato una parte.

Come si gira un video?

Lungi da questo contesto farti una lezione di cinematografia avanzata anche perché, come ti ho spiegato, non serve al tuo scopo e quando ne avrai bisogno di certo non te ne occuperai personalmente.

Ma allora come deve essere questo video?

Con cosa lo giri?

E le luci?

Il microfono?

Calma.

Allora: ti basta un buon cellulare o una mirrorless da pochi soldi.

Giusto per darti una dritta senza farti impazzire ti elenco qualche modello perfetto per il tuo scopo.

- Panasonic GH4
- Panasonic G80
- Sony A6300 – 6400

Prendi una di queste camere e non sbaglierai.

Prendi una lente zoom così da essere più versatile.

Compra un microfono (magari una pulce economica da 20€) perché l'audio è FONDAMENTALE e forse è anche più importante della qualità video.

Non usare il microfono della camera, non avrai mai un risultato decente.

Se non hai luci, assicurati di posizionarti in un posto ben illuminato e mai contro luce.

Non registrare in 4k che non serve praticamente a niente e se riesci cerca di girare il video in una sola clip e senza tagli. Questo tipo di approccio rende più reale e credibile il contenuto.

Basta, hai finito, non serve che tu ti faccia ulteriori problemi.

Metti la camera in automatico o premi "rec" sul telefono e vai.

Cerca un programma di montaggio video gratuito.

DaVinci Resolve che è perfetto ed è gratis (non la versione studio).

Cerca un paio di tutorial su internet e capisci come funziona montaggio ed esportazione e sei pronto per diventare una star!

Tutto il resto, se sei un appassionato, lo scoprirai con il tempo e potrai migliorare la qualità, ma questa non cambierà di molto le sorti del tuo contenuto se questo è scadente.

La cosa importante

Gli spettatori sono stanchi, pigri e annoiati. Non hanno nessuna voglia di ascoltare te o l'ennesimo che come te si mette sul piedistallo e comincia il soliloquio.

La gente vuole ridere! Vuole emozionarsi ed è questo che devi fare!

Intrattieni!

Offri valore e contenuto in modo che quando lo spettatore avrà guardato il tuo video potrà pensare "*Ho imparato una cosa nuova*", "*mi sono divertito, mi sono commosso*". Se sarai inutile, nessuno tornerà a guardarti.

Emoziona nel bene o nel male, ma scuoti l'animo dello spettatore. Fallo ridere o fallo rosicare, fallo piangere o arrabbiare, ma emoziona.

Non essere "moscio", nessuno ha voglia di ascoltare e guardare una persona che sembra stare peggio di loro, tira fuori l'energia e sii coinvolgente.

WEBINAR DA 1 MILIONE DI DOLLARI

In questo capitolo voglio raccontarti la strategia usata da Dave Dee per vendere prodotti e servizi online con la strategia del webinar e le tecniche di manipolazione mentale.

Parlare in pubblico, sia fisicamente che online attraverso un webinar, ti rende un'autorità, una vera e propria celebrità, diventerai un esperto agli occhi dei tuoi spettatori.

Ricorda che non sto parlando del tuo effettivo e reale valore, bensì di quello percepito.

In questo modo attirerai lead di più elevata qualità. Contatti che sono realmente interessati al tuo prodotto o che comunque hanno "quel problema" che ti stai proponendo di risolvere.

Questo è il modo migliore per vendere e fare Marketing ossia pensando "one to many".

Quando una persona ti vede parlare online si ricorda di te.

Il "One to many selling" non è semplice, ma un'ottima presentazione può aiutarti.

La cosa più bella di questa strategia è che può essere totalmente automatizzata. Questo vuol dire che tutto il grosso del lavoro lo farai all'inizio e poi, una volta lanciato, il webinar camminerà in modo automatico chiudendo vendite anche mentre dormi.

Questa strategia ha permesso a Dave Dee di guadagnare 540.000 Dollari in 45 minuti ed è super testata. Funziona al 100%.

Ma come si crea un webinar di successo capace di vendere al posto tuo e soprattutto a farlo in modo automatico?

Cominciamo dall'inizio:

Il titolo

Il titolo è fondamentale e deve essere basato su quello che vuole il tuo potenziale cliente.

Un esempio potrebbe essere "Scopri *come guadagnare 100.000€ online in 5 mesi e lasciare il lavoro che odi.*"

Devi quindi soddisfare il bisogno del tuo potenziale cliente.

Non sottovalutare la potenza del titolo giusto. Voglio raccontarti la storia di un libro.

Una scrittrice, Naura Hayden scrisse un libro, era il 1982, il titolo era "Astrological Love". Vendette meno di 5.000 copie.

Nel 1998 un marketer in gamba propose di cambiare copertina e titolo, non i contenuti.

Lo trasformò in:

How to Satisfy a Woman Every Time...and Have Her Beg for More! The First and Only Book that Tells You Exactly How

Ossia: "Come soddisfare una donna tutta le volte e fare in modo che lei ti implori di dargliene di più. Il primo e l'unico libro che ti dice esattamente come."

Si è trasformato un best seller che ha venduto oltre 2,5 milioni di copie. Immagina il profitto.

Basa quindi il tuo titolo su ciò che vuole il tuo potenziale cliente. Pensa come un pesce e non come un pescatore!

Controlla il pubblico

Siamo alla parte pratica. Catturare l'attenzione del pubblico è di primaria importanza. Se non lo fai, le persone saranno distratte e ogni loro distrazione li allontanerà dall'acquisto.

Fai domande!

Domande personali o professionali per esempio!

In un webinar risulta difficile fare domande, ma potresti per esempio chiedere di scrivere qualcosa nella chat.

Anche chiedere di prendere appunti è una manovra manipolatoria che coinvolge il pubblico.

Un altro modo è quello di portare il tuo pubblico a compiere un'azione specifica.

Chiedi al tuo spettatore di spegnere il cellulare, mettersi comodo.

Il punto è: se posso portarti a fare quello che io ti chiedo di fare (battere le mani, prendere appunti) quando ti chiederò di andare a comprare, tu comprerai perché hai seguito le mie istruzioni nell'arco di tutta la presentazione.

Lo spettatore non sa tutto quello che sta succedendo, ma questo è quello che succede.

Come strutturare un Webinar "One to Many"

Ecco cosa ti serve:

- Una forte apertura
- Sapere come insegnare
- Sapere come chiudere la vendita

Partiamo dall'inizio:

Una forte apertura

Questo è ciò che ti serve per catturare subito l'attenzione. Se non ci riuscirai non sarà importante la bontà di ciò che dirai successivamente, avrai perso la tua opportunità. Come lo fai?

È uno scacco matto in 2 mosse.

Mossa N°1

Rispondi alla domanda di chi ti sta guardando:

1) Sono nel posto giusto?

È questo ciò che da subito si chiede lo spettatore, anche inconsciamente. Ciò che devi fare è rispondere a questa domanda.

Comincia il tuo discorso con "*Questo è per te se...*" e successivamente descrivi il tuo potenziale cliente.

Se per esempio è un commerciante che sta cercando di aumentare i clienti, questo è esattamente ciò che dirai.

"Questo è per te se sei un commerciante e stai cercando nuovi metodi per aumentare la tua clientela"

"Questo è per te se fai un lavoro che odi e vuoi diventare un libero professionista".

Mossa N°2

La seconda mossa prima di mettere sotto scacco il tuo potenziale cliente è questa:

"Nei prossimi 75 minuti ti insegnerò un processo passo per passo per ottenere [quello che il tuo cliente vuole]."

Es: [Per farti vendere in una settimana quello che vendi in un anno]

Completa la fra aggiungendo: "Senza dover [fare qualcosa che il tuo cliente non vuole fare].

Esempio: **"Ti insegnerò un metodo passo passo che ti permetterà di chiudere il doppio dei contratti senza dover fare 100 telefonate."**

Esempio 2: **"Nei prossimi 75 minuti ti insegnerò un metodo completo da seguire passo passo che ti permetterà di dimagrire 5 kili in una settimana senza dover fare diete assurde**."

Ricorda: questa sarà l'apertura del tuo webinar e sarà un gancio perfetto per catturare l'attenzione del tuo spettatore.

Agganciato lo spettatore al tuo amo…

Mostragli il futuro.

È il momento di far leva sui desideri di chi ascolta. Questo è ciò che significa "presentare il futuro" mostrando cosa succederà alla loro vita se faranno quello che tu gli suggerisci.

ES: *"immagina di poter ottenere [ciò che vuole il tuo potenziale cliente] semplicemente applicando il metodo passo passo che ti suggerisco.*

A fronte di queste parole, mostra loro un'immagine rappresentativa del loro desideri: una bella villa, una bella macchina, un sorriso smagliante, un corpo perfetto, un look esclusivo ecc.

Esempio 1: "Immagina di poter avere finalmente il sorriso perfetto che tanto desideri e riuscire finalmente a conquistare tutte le donne che vuoi"

Esempio 2: "Immagina di poter vendere in un solo giorno 10.000 copie del tuo libro e riuscire finalmente a lasciare il lavoro che tanto odi"

E così via.

Questa era la prima parte della presentazione del loro futuro. La seconda parte consiste nel mostrare loro cosa succederà se NON faranno ciò che gli stai suggerendo.

Ricordati sempre che le immagini hanno un forte impatto sulle emozioni di chi guarda e potere sufficiente ad evocare la necessità di agire subito per cambiare le cose.

Le persone sono motivate dal dolore e dal piacere, ma sono certamente più motivate dall'evitare la sofferenza.

Ed ecco che tu, a fronte di questa semplice intuizione, andrai a dipingere la "sofferenza" che spetterà a chi non seguirà le tue indicazioni.

Potresti dire per esempio, sfruttando anche il potere delle domande:

"Se tu non farai quello che oggi ti sto dicendo, come sarà la tua vita tra 10 anni?"

Ed è proprio in questo momento che il tuo spettatore dipingerà il suo futuro e non lo vedrà molto diverso dal suo attuale presente.

Al suo interno scatterà un meccanismo che è quello della coerenza. Lui ha capito che se non agirà subito il suo futuro non sarà molto diverso dal suo presente e per essere coerente (anche inconsciamente) con questa sua deduzione, comincerà a muoversi nella direzione dell'azione.

Perché dovresti ascoltarmi?

Questo è quello che si chiedono tutti quando cominciano ad ascoltare qualcuno che prova a convincerli di qualcosa.

Racconta la tua storia!

Questo è il momento di aprirti.

Deve essere una storia personale e che viene dal cuore.

Diversamente da quanto si possa pensare, in realtà ognuno di noi ha una storia interessante.

Perché operi nel settore in cui operi e perché hai scelto di fare quello che stai facendo?

Coinvolgi anche la tua famiglia!

Forse ti starai chiedendo perché mai una cosa del genere. Perché raccontare la propria storia?

Uno dei motivi che spinge le persone ad acquistare è perché gli piacciamo, perché sentono in qualche modo di conoscerci e noi quindi ci apriamo e raccontiamo loro la nostra storia.

Questa è una delle cose fondamentali in una presentazione "one to many".

Molti pensano che nessuno ha voglia di ascoltare la loro storia.

Si sbagliano. È esattamente il contrario.

Schematizzando quindi i vari passaggi di una buona apertura, questo è ciò che devi fare:

- **Cattura l'attenzione**: "Sei nel posto giusto se"
- **Desiderio:** Un metodo passo passo che ti permetterà di [desiderio] senza dover fare [ciò che il tuo potenziale cliente non vuole fare].
- **Anticipazione del futuro**: Come sarà la tua vita se mi ascolti e come sarà se non lo fai.
- **Perché dovrebbero ascoltarti.** Racconta la tua storia.

Questo avviene tutto nell'apertura.

Successivamente:

1. Esponi il tuo argomento.
2. Spiega perché quello che stai per dire è importante per chi ti ascolta.
3. Insegnaglielo.
4. Ricapitola.

Attenzione:

Ti ho già parlato del potere delle immagini ed è bene che tu te ne serva, magari insieme all'uso di slide che possano rafforzare i tuoi concetti.

Fai attenzione però a non riempire le tue slide di testo.

Devi assolutamente usare pochissime parole e molte immagini.

Come insegnare?

Non sto parlando di realizzare un bel video in grado di far partire la standing ovation. Sto parlando di un contenuto che venda i tuoi prodotti o i tuoi servizi.

La risposta è: se vuoi vendere non devi insegnare troppo.

Quando vendi non devi insegnare perché succedono due cose negative:

1) Il pubblico si confonde per le troppe informazioni e quando si è confusi non si compra.
2) Li porti a credere che hanno ricevuto tutte le informazioni che servono per risolvere il loro problema.

Non entrare nei dettagli tecnici di quello che fai. A nessuno importa. Offri una visione generale.

Non essere noioso. Diverti il tuo pubblico.

Uno dei modi è proprio quello di usare slide e presentare immagini divertenti!

Ci sono però anche 3 cose da fare

1) Parla di 3 cose importanti. Non 5 e non 7, ma 3. Perché? Perché le persone riescono a ricordare 3 cose. Se poi ti limiti a 3 non avrai il problema di insegnare troppo.
   3 ingredienti, 3 metodi, 3 soluzioni ecc
2) Dì alle persone cosa fare ma non come farlo.
3) Fornisci informazioni utili ma incomplete.

Es: Ho 5 cose importanti da dirti, ma ho solo 60 minuti e quindi potrò spiegartene soltanto 2.

Ed ecco che soddisfiamo il punto 1 e il punto 3!

A questo punto introduci l'argomento e passi all'insegnamento.

"Insegnamento" inteso nella chiave di erogare un contenuto che vende.

Significa impiantare il desiderio nella platea che alla fine dovrà acquistare, cliccare sul pulsante, chiamare ecc.

Racconta una storia che illustra e convalida quello che hai affermato!

La riprova sociale ha un effetto potentissimo sul potere decisionale d'acquisto.

Riesci a percepire le potenti leve manipolatorie che agiscono sul potere decisionale del pubblico?

Quante volte sei stato personalmente "vittima" di questi schemi?

Chiudere la vendita

Potrai aver fatto una presentazione eccezionale, ma se alla fine non vendi, qualche problema deve esserci stato.

Uno degli ostacoli principali che si para davanti la chiusura di una vendita sono le obiezioni.

Sarà tuo compito smontare tutte le possibili obiezioni del tuo pubblico.

Questo non lo potrai fare rispondendo live alle loro domande, soprattutto se il webinar è registrato.

Sarà durante la presentazione stessa che dovrai rispondere a tutte le eventuali obiezioni che il tuo potenziale cliente può sollevare e che lo porteranno a non acquistare.

Per esempio:

- Non ho tempo
- Non so se mi sta bene
- Non so in quanto tempo arriva
- Non conosco le misure

Sembra ovvio che ogni tipo di prodotto e servizio avrà il suo pubblico con le sue obiezioni. Prenditi del tempo per fare una lista di tutte le obiezioni che il tuo potenziale cliente potrebbe sollevare e provvedi a smontarla.

Uno dei modi subliminali è quello di impiantare nel pubblico la risposta alla loro obiezione ancora prima che questa si ponga.

Esempio:

Caso: Sei un formatore che propone un videocorso formativo sul marketing da 2.000€.

Una delle obiezioni evergreen è *"mi piace tanto ma non posso permettermelo"*

Soluzione:

Mostra una slide in cui è rappresentata una persona di successo che dice: *"Le persone di successo investono in formazione".*

È proprio in questo modo che impianterai nel tuo potenziale cliente la risposta alla sua obiezione.

La sua visione si trasformerà in *"Costa troppo, non posso permettermelo, ma le persone di successo investono in formazione".*

Questo spingerà inevitabilmente le persone in un'unica direzione. L'acquisto.

Non sarà oggi e forse nemmeno domani, ma dopo il giuso periodo di incubazione c'è un ottima possibilità che l'acquisto vada a buon fine.

LA COSA PIÙ IMPORTANTE DI TUTTE

Tutto quello che ti ho spiegato ha la potenza di trasformare il tuo business attuale o quello futuro, nell'albero degli zecchini.

Ma se non agisci e metti in pratica tutto quello che hai imparato, nulla funzionerà.

Per arrivare al successo dovrai sbagliare un'infinità di volte e questo va bene, ma affronta ogni situazione con ottimismo e non pensare più ai problemi in quanto tali anzi, da oggi in poi sostituisci nel tuo vocabolario la parola "problema" con "questione da risolvere".

Cerca di avere un atteggiamento sempre positivo e quando la situazione da risolvere sembra troppo grande per essere affrontata, siediti, respira e scomponila.

Ogni problema grande può (e deve) essere scomposto in problemi più piccoli e risolvibili.

Nella sostanza, se vuoi dirigere la tua vita, devi prendere il controllo sulle tue azioni costanti. Non è ciò che fai una volta tanto a formare la tua vita, ma ciò che fai in modo sistematico.

Vorrei darti qualche dritta che mi ha permesso di produrre in 2 mesi ciò che non ho mai prodotto in tutta la vita:

- Scegli un obiettivo da raggiungere e datti una scadenza, è la prima cosa da fare per rendere reale qualsiasi cosa.
- Scrivi l'obiettivo su un pezzo di carta e leggilo ogni giorno. Sii impegnato verso le tue decisioni, ma sii flessibile nel tuo approccio.
- Fai una lista di cose da fare e fatti sempre delle domande su come puoi migliorare ogni cosa.
- Ogni giorno fai almeno un passo in quella direzione.
- Non fare domani quello che puoi fare oggi.
- Fai come tutti gli uomini di successo, focalizzati per il 5% del tempo sul problema e per il 95% sulla soluzione.
- Quando senti di non farcela ricorda che i limiti sono soltanto nella tua testa.
- Prendi decisioni. Più decisioni prendi, più bravo diventerai nel prenderle.
- Organizza tutto, in primis gli obiettivi a lungo termine, senza i quali non potrai fissare quelli a breve termine.

- Circondati delle persone giuste. Se vuoi avere successo, trova qualcuno che ha già raggiunto i risultati a cui ambisci, copia quello che ha fatto, impegnati allo stesso modo e raggiungerai gli stessi risultati.
- Fai ogni giorno una cosa che ti spaventa e festeggia i tuoi piccoli traguardi.

Il successo è un'abitudine, pensare positivo non significa decidere cosa non vuoi, ma cosa vuoi.

Fissa l'obiettivo, renditi conto che c'è un prezzo da pagare e pagalo.

Sei molto più grande dei risultati che hai ottenuto fino ad ora, e ricorda:

Se puoi sognarlo, puoi farlo.

(Walt Disney)

RESA DEI CONTI

Sono certo di aver acceso in te un bel po' di lampadine vero?

Spero questo libro ti sia piaciuto e se così fosse apprezzerei molto una tua recensione su Amazon!

In tutti i libri alla fine c'è sempre il capitolo "conclusione", ma io dico: veramente?

Cioè, sul serio siamo arrivati alla fine? Come se tu avessi letto questo libro solo per il gusto di farlo.

Io sono contro i capitoli di conclusione. Se ho scritto questo libro è perché voglio davvero darti una mano a stravolgere il tuo modo di vedere ogni tipo di business, proprio come l'apprendimento di questi concetti ha stravolto il mio.

La mia vita, dopo aver scoperto il Marketing è cambiata in maniera radicale e anche tu puoi dare una scossa alla tua.

Se anche tu vuoi diventare un vero eroe del Marketing a risposta diretta, imparare a generare clienti infiniti e moltiplicare produttività e soldi, allora non puoi fermarti adesso.

Vai sito web www.selfrevolution.it accedi alla sezione consulenze e scopri quanto è profonda la tana del bianconiglio.

A presto, amico mio.

Danilo Errico

BIBLIOGRAFIA

Alfio Bardolla e Lorenzo Ait. <<*Business Revolution: Come organizzare la tua azienda per avere più tempo libero e più soldi*>>. Editore: GOODmood (26 settembre 2017)

Alfio bardolla. <<*Ricco prima delle 8. Cambia la tua routine quotidiana per raggiungere il successo*>>. Editore: Mondadori (17 Settembre 2019)

Seth Godin. <<*La mucca viola. Farsi notare (e fare fortuna) in un mondo tutto marrone*>>. Editore Sperling e Kupfer (7 Aprile 2015)

Seth Godin. <<*Questo è il Marketing. Non puoi essere visto finchè non impari a vedere*>>. Editore: ROIEdizioni (30 Gennaio 2019)

Dave Dee. <<*Sales Stampede: How to sell more of your products or services in 75 minutes than you now do all year*>>. (21 Febbraio 2019)

Dan S. Kennedy. <<*The ultimate sales letter. Attract new customers. Boost your sales*>>. Editore: Adams Media (31 Gennaio 2011)

Dan S. Kennedy. <<*The ultimate marketing plan. Target your audience! Get out message! Build your Brand*!>>. Editore: Adams media (18 Aprile 2011)

Russel Brunson. <<*Traffic Secrets. The underground playbook for filling your websites and funnels with your dream customers*>>.

Bob Proctor. <<*Non è questione di soldi. La ricchezza è nella tua mente*>>. Editore: Bis (28 Febbraio 2014)

T. Harv Eker. <<*I segreti della mente milionaria. Il gioco interiore della ricchezza*>>. Editore: Gribaudi (1 Luglio 2008)

Robert B. Cialdini. <<*Le armi della persuasione. Come e perché si finisce col dire di sì*>> Editore: Giunti (1989-2020)

Marco Lutzu. <<*Scrivere per Vendere. La Bibbia del Copywriting a Risposta Diretta in Italia*>>. Editore: Scripta Sagl (1 gennaio 2018)

Mik Cosentino. <<*La Bibbia dell'Info Business. 22 Comandamenti per creare un Business OnLine*>>. Editore: Mondadori Electa (20 Novembre 2018)

Robert T. Kiyosaki. <<*Padre Ricco padre Povero. Quello che i ricchi insegnano ai figli sul denaro*>>. Editore: Gribaudi (1 Ottobre 2004)

Robert T. Kiyosaki. <<*I quadranti del CashFlow. Guida per la libertà finanziaria*>>. Editore: Gribaudi (1 Ottobre 2004)

Anthony Robbins. <<*Come migliorare il proprio stato mentale, fisico e finanziario*>>. Editore: Bompiani (24 Giugno 2020)

Anthony Robbins. <<*Incrollabile. La tua strategia per la libertà finanziaria. Crea una mente milionaria in un mondo di volatilità*>>. Editore: Gribaudi (13 Luglio 2018)

COPYRIGHT

Questo libro contiene materiale protetto da copyright e non può essere copiato, riprodotto, trasferito, distribuito, noleggiato, licenziato o trasmesso in pubblico, o utilizzato in alcun altro modo ad eccezione di quanto è stato specificamente autorizzato dall'autore, ai termini e alle condizioni alle quali è stato acquistato o da quanto esplicitamente previsto dalla legge applicabile. Qualsiasi distribuzione o fruizione non autorizzata di questo testo così come l'alterazione delle informazioni elettroniche sul regime dei diritti costituisce una violazione dei diritti dell'editore e dell'autore e sarà sanzionata civilmente e penalmente secondo quanto previsto dalla Legge 633/1941 e successive modifiche.

Errico, Danilo. Si fa presto a dire Marketing. Come si fanno i soldi online con il Marketing a Risposta Diretta.